定制度
就这么容易

冯晓◎编著

中国言实出版社

图书在版编目（CIP）数据

　　定制度就这么容易 / 冯晓编著. —

北京 ： 中国言实出版社，2013.12

　　ISBN　978-7-5171-0297-7

　　Ⅰ.①定…　　Ⅱ.①冯…　　Ⅲ.①企业管理制度　Ⅳ.

①　F272.9

中国版本图书馆CIP数据核字（2013）第299071号

责任编辑：郭江妮

出版发行　中国言实出版社

　　地　址：北京市朝阳区北苑路180号加利大厦5号楼105室

　　邮　编：100101

　　编辑部：北京市西城区百万庄大街甲16号五层

　　邮　编：100037

　　电　话：64924853（总编室）　　64924716（发行部）

　　网　址：www.zgyscbs.cn

　　E-mail：yanshicbs@126.com

经　　销　新华书店

印　　刷　北京紫瑞利印刷有限公司

版　　次　2014年4月第1版　　2014年4月第1次印刷

规　　格　710毫米×1000毫米　　1/16　　17印张

字　　数　277千字

定　　价　36.00元　　　ISBN 978-7-5171-0297-7

前　言

俗话说：国有国法，家有家规。大到国家，小到家庭，都有自己的制度和原则。一个企业也不例外。

举个很生动的例子，如果把管理看成是树木的话，那么制度就是滋养树木的肥沃土壤。只有在制度的土壤中才会生长出茁壮的大树。同样的道理，对于一个企业而言，只有将自身的制度完善了，把制度制定得周详合理，才能让企业的管理规范有效。企业只有将制定的制度不断完善，企业的管理者才能从一些看似简单、实则繁琐的事情中解放出来，从而才有精力去规划企业的发展方向。企业的内外环境也在发生着改变。比如说：市场的环境在变，客户的需求在变，竞争对手在变，企业内部环境每天都在变，员工自身也在变……一切都在变。

企业发生改变，那么企业制度也在相应地发生着改变。然而当下的许多企业管理者都在抱怨，抱怨不知道该怎么定制度。制度定得太松起不到监管作用，定得太紧员工们牢骚太多。

那么，究竟该如何制定制度呢？

首先，企业应该明白制定制度的目的在于要使员工达到一个什么样的工作状态，要使企业达到一种什么样的高度？这是制定制度的初衷。

其次，企业制定制度不光从企业的角度出发，也应该从员工的角度出发，这样，员工就会感受到企业领导和管理者的诚意，工作起来就会充满热情。

再次，企业制定制度应该和企业文化的理念相融合，将企业文化融入到制度里面，使员工能够加深对企业的了解，从而建立身为企业员工的自豪感。这样，企业的管理者就可以无为而治，员工就会自发地为企业贡献自己的力量。

　　本书就是从这些角度出发，为读者解读了一个企业该如何正确建立适合自身发展的制度，从而可以使员工们能够自觉遵守，让企业能够更好更快地发展。

目 录

上篇　制定制度，你必须要懂的内容

第1章
基业想要长青，必须靠制度

　　"天下纷扰，必合于律吕。"制度决定一个组织的兴衰与成败，也决定一个组织发展的高度与跨度。如果说管理是树木，那么制度就是滋养万物的土壤。只有肥沃的土壤，才会培育出茂盛的植物；只有健全的制度，才能有规范有效的管理。

第2章
企业应该按制度进行管理

企业管理制度是企业管理各项水平的综合体现，是一项复杂的综合性系统工程，企业管理制度的建立、健全和完善必须有计划、有秩序、有步骤地进行。建立、健全、完善企业各项管理制度是一个动态的过程，包括如何正确地制订、如何有效地执行以及如何不断地修订完善等三方面的内容。这一章，我们先讲怎样建立企业管理制度。

第3章
制度的制定一定要合理

企业制度是一个企业制定的要求企业成员共同遵守的办事规程或行动准则。良好的企业制度对企业的发展起着很大的作用，而不合理的制度不但在企业里造成管理混乱的现象，而且直接影响到企业的可持续发展。制度本身不合理，缺少针对性和可行性，执行起来就会遇到诸多的困难。而企业大多喜欢用一些条文来约束员工的行为，通过多种考核制度达到改善企业管理的目的，但企业制度不合理本身却限制了企业的发展。

第4章
用制度管人，按制度办事

用制度管人、按制度办事，是所有成功企业共同的特点。毫无疑问，规范与制度是企业必不可少的软件设施，也是企业得以正常运转的基石。因为企业是由各类人员组成的组织，而人的复杂多样的价值取向和行为特质要求企业必须营造出有利于企业理念和价值观形成的制度和文化环境，并约束、规范、整合人的行为。

第5章
制度不能冷冰冰，要充满人情味

管理学家讲管理是一门科学，也是一门艺术。企业有责任增加员工的满意度，使员工有机会参与管理，建立和谐的人际关系。不过，要真正达到提高管理效率的目的，还需要坚持"规范与准则胜于一切"的原则，要做到严而有序，严而有据。

第6章
制度要能从墙上"走"下来

制度的制定原本是为了规范工作人员的行为，让各种规章制度"上"墙，是为了使工作人员熟知制度的内容，更好地执行制度。应该说制度"上"墙的目的是好的，但是问题在于有些制度"上"了墙就成了摆设，以"墙化"代替"强化"。制度上墙并不能确保制度得到良好的执行，因此，制度不但要"上"墙，更要从墙上"走"下来。

下篇　执行制度，你必须要懂的内容

第7章
执行制度应该"令行禁止"

　　铁的纪律是团队全体成员行为保持一致的前提和基础。实际上，任何组织都一样，要使组织成员能够具有统一的行为，必须做到"师出有律"，这样才能让"许多人"有序而高效地向着目标前进，实现团队力量大于这些人的力量总和的质的飞跃。

第8章
执行制度靠责任，责任不能缺失

　　想要执行到位，责任意识是基础。强烈的责任感和事业心是提高执行力的内在动力，只有拥有"在其位、谋其政、尽其责"的责任意识，才能尽心尽责做好每一件工作。有责任心的人一定会努力、认真工作一定会工作细致，富有创新精神一定会按时、按质、按量完成任务，解决问题，一定能主动处理好分内与分外相关工作，无论是否有人监督都能主动出色地完成工作而不推卸责任。

第9章
遵循流程，让制度与执行完美对接

　　企业要在日益激烈的竞争中取胜，要想基业长青，归根结底要依赖企业自身的能力，而企业的能力来自于组织流程。通过组织流程，企业将各种资源，比如人力资源、财务资源等转换成企业的能力。因此，组织流程就成了企业竞争力的决定因素。

第10章
执行制度要"高标准，严要求"

水温升到99℃，还不是开水，其价值有限；若再添一把火，在99℃的基础上再升高1℃，就会使水沸腾，并产生大量水蒸气来开动机器，从而获得巨大的经济效益。对很多事情来说，执行上的一点点差距，往往会导致结果上出现很大的差别。因此，高标准、高要求才是执行到位的先决条件。

**第11章
制度的能量靠高效率执行来释放**

　　没有人喜欢效率低下、办事不力的人，所以，在工作中必须追求最有效率的行事方式。无论做什么事情，只有高速度、高质量地执行到位，才能立于不败之地，快速行动才能全面生存，更好生存。为了在竞争中占有一席之地，必须要加快自己的脚步，效率第一，赶在对手前面抢得先机，这样才能时时处于主动地位，为自己赢得更多机会。

**第12章
让制度与文化融合——善用企业文化来影响员工**

　　企业制度和企业文化在组织的发展过程中相互促进，每个组织都应将二者紧紧结合起来，达到企业管理制度与企业文化的有效融合，将员工个体的积极性凝聚成巨大的群体力量，从而使企业增强活力，提高经营管理水草和竞争力，实

现企业的可持续发展

附录
（企业管理制度样本）总则

　　为加强企业的规范化管理，完善各项工作制度，促进企业发展壮大，提高经济效益，根据国家有关法律、法规及企业章程的规定，特制定本企业管理制度大纲。

第一部分
企业管理制度

第二部分
各部门职责

上篇　制定制度，你必须要懂的内容

第1章

基业想要长青，
必须靠制度

　　"天下纷扰，必合于律吕。"制度决定一个组织的兴衰与成败，也决定一个组织发展的高度与跨度。如果说管理是树木，那么制度就是滋养万物的土壤。只有肥沃的土壤，才会培育出茂盛的植物；只有健全的制度，才能有规范有效的管理。

企业成功的基石——制度

俗话说："没有规矩不成方圆。"如果一个企业没有制度，在某一段时间也许能混下去，甚至在某一阶段、某一件事情上还会显得很有效率，但是从长远和整体上来看显然是不行的。因为一个没有制度、没有纪律的团队事实上等于一个没有绩效、没有生产力的队伍。所以一个企业管理者懂得如何营造、建立一个好的制度管理模式是非常重要的。如何建立一个良好的管理模式呢？以下几点值得参考。

第一，我们应该制定一个非常具体的可操作、可执行的企业管理制度。

所谓的企业管理制度，其实指的就是游戏规则。我们要让每一个员工都能够非常清楚地知道所制定的制度是什么，哪些是好的、哪些是不好的、哪些是可以允许的、哪些是不被允许的。在制定这些制度之后你要清楚地告诉他们为什么制定出来这些制度？这些制度为什么要被遵守？他跟团队协作有什么关系？他跟组织管理有什么关系？他跟业绩的达成有什么关系？要把这些原因一五一十地让员工明白。因为当员工明白为什么设定这些游戏规则和制度的时候，他们才知道为什么或者是如何去遵守这些制度和行为。

第二，我们要制定严格的标准。

任何一个顶尖的团队都有一套非常严格的标准。标准应该是合理的高标准，如果你想拥有一个一流的团队，你就必须制定严格的、一流的标准，这一点是非常容易理解的。有一句话讲得非常好，"严师出高徒"，在你带领团队和培训的过程中，如果你对他们的要求非常松散，同时假设你对他们的行为标准也制定得非常模糊，那么每一个团队的成员就没有依寻的准则，这样就不会激发他们好的一面，反而会激发他们的惰性，这对一个团队来讲是有很大的杀伤力的。

第三，我们要做的就是制定一个处置方式。

什么叫做处置方式呢？如果你的制度制定出来了，而你的团队成员违反了这个制度，请问你要如何处置？有一句话讲得非常好，"国有国法，家有家规"，你所制定的制度实际上就是一种规则，就好像法律一样，当他今天触犯了这个规定以后，请问你应该如何惩罚他？你应该如何处置他？我想这些制度都应该是非常明确的。

第四，一旦制定制度，你就必须要严格执行。如果不严格执行，就会给人一种印象，你说的话是无所谓的。

第五，制度制定以后需要不断检查、不断监督。

就像刘邦的长乐宫朝会一样，在朝拜过程中，御史前去执行法令，凡不按仪式规定做的就要被带走治罪。

人管人总是有漏洞，因为人都是有弱点、有感情的，制度却能起到人所不能起的作用。各位优秀的企业经理，愿制度能助你减少管理漏洞，真正成为企业经营腾飞的翅膀。愿制度能使你在成功的道路上步伐更稳健，信心更充足。

管理企业的法宝——制度

如果你认为，企业的规章制度纯粹是一种约束和控制，甚至是体现管理的权威，那么，你的工作态度就有问题了。如果你认为，企业的规章制度是一种全体员工和谐相处的规则，那么你只对了一半。只有清醒地认识到，作为企业主必须比其他所有员工更加模范地遵守一切规章制度，并且为此毫不动摇，你才具备了承担企业领导职务的基本条件，你的企业才能兴旺发达。

古老的英国剑桥大学有一位著名的校长，他治校有方，曾经培养出很多名满天下的学生。有人问他为何能把学校经营得这样好，这位校长说，那是因为他用"一条鞭子"来惩治那些不听话、不上进的学生，并且奖罚分明。他还说，如果给他一把手枪，他会把学校管理得更好，培养出更多的好学生。

这个故事的大概意思也就是说，只要能以"铁手腕"、严格执行既定的规章制度，就一定能治理好学校。这里的"一条鞭子"，其实就是严格、严厉、不讲情面的意思。不仅管理学校要像这样，从某种程度上讲，企业要想从严治理，也应该像上面例子中提到的一样，执行"一条鞭子"的管理政策。

海尔集团总裁张瑞敏在各种场合讲到海尔的成功历程时，总是不忘提到13条规定，其中包括不准迟到、不准打毛衣、不准在车间内随地大小便……这些在现在看来很琐碎、细小，简单得令人发笑的规定，却确确实实地击中了原海尔员工的要害。通过海尔领导者的严格管理，这13条管理规定得到了切实执行，使海尔人的工作面貌有了很大改善，同时在海尔内部树立了"有规必行"的观念，使规章制度不再是"可有可无的摆设"。此后，海尔的管理者又逐步推出各种新的细化规章制度，做到了"有规可依"。逐渐地，海尔的企业管理由无序转向有序，逐步成为一个有执行力

的组织，海尔开始走上辉煌之路。

企业制定出来的各种规章制度不能只是纸上谈兵。作为企业的领导者和管理者，你应当用铁面无私的精神来贯彻并发扬合理的规章制度，一旦发现有人违反规定，一定要严格执行，绝不手软。

但是，应该清楚，"绝不手软"并不一定是滥施权力、粗暴蛮横地对待员工，以显示自己的威信。对雇员要公道，在处罚时要有充分的根据，它包括解释清楚企业为什么要制定这条规章制度，为什么要采取这样一个纪律处分，以及希望这个处分产生什么效果。

我们要知道的是，执行任何规章制度，目的都是为了维护良好的秩序，而不是处罚本身。因此，你应该向你的雇员表示你对他的信任和期望。在对违反规定的员工处罚完以后，要肯定他的价值，以向上的激情去鼓励他，以消除他对处罚的怨恨和郁闷之情。

现实中，也有许多管理者认为"这些规定谁都知道"，没有必要整天把制度挂在嘴边。但是，新来的雇员，有时甚至也会是些老雇员，直到自己违反了某项规定，才恍然大悟，才知道原来还有这样的规定。因此，加大对制度的学习也是十分必要的。

当然，作为企业领导，自己更应该明白以身作则的重要性。如果你没有这样做，那你就是在向其他员工表示，制度只不过是一种摆设。同时，你也不应该不分青红皂白，草率地惩罚或处分员工。在你作出判断之前，甚至是在你做任何事情之前，你都必须知道事情的来龙去脉，并要搞清楚员工为什么要这样做，他这样做的动机是什么，等等。

制定出规章制度不是为了显示纪律严明。当然，并非每次的处罚都要一视同仁，它的意思不是说面对违规行为采取统一的措施，而是说在相同的环境和条件下，违规行为都要受到同一种惩罚，不能有丝毫的偏颇。

英特尔公司从仓拉开始就非常强调制度，处处都有清楚的规定，每天早上的上班制度就是最明显的例证。在英特尔，每天上班时间从早上8点整开始，8：05分以后才报到的就要记做迟到，即使你头天晚上加班到半夜，第二天上班时间仍是上午8点。

英特尔整个公司的管理制度都很严明，从制造、工程到财务，甚至营销部门，每件事情都有清楚的规范，人人都以这些规范来作为自己工作的准则。许多企业重视人性化管理，以重视员工为口号，只有英特尔强调制度胜于一切，这种注重企业自主管理的经验和方法，使英特尔的企业文化独树一帜。

制定规章制度应注意以下几点：

1. 规章制度的制定不能违法

经常可以见到，在制定自己的规章制度的时候，很多企业由于对现行法律的不了解和不在乎，导致了与法律的冲突和矛盾，从而不具有约束效力。因此，在对违规员工进行处理的时候，由于没有效力，难以产生作用。由于得不到法律的支持，所定的规章制度不过是一纸空文。因此，规章制度的内容必须合法。

2. 规章制度要经过民主程序肯定

顺应民主，才能持久。然而，现在大多数企业在制定规章制度的时候，往往只是由几个高端领导者或者董事会成员来制定。我国法律规定：企业的规章制度应该通过民主大会的形式，经民意代表同意，并且经多数员工通过才具有效力。

3. 规章制度应该及时修改、补充

要把企业运作好，管理者需要建立一套完善的制度。制度设计合理、运作有效，企业高效运转，员工士气高昂，事业才能蒸蒸日上。所以，及早建立一套合理的制度至关重要。市场不断变化，形势也在不断变化。因此，企业的规章制度应该不断地修正，只有不断地推陈出新，制定适合当时情形下的规章，定期或不定期地检查，及时修改、补充相关内容，才能保证制度和规章的合理性、时效性。千万不能认为把规章制度制定好以后便万事大吉。

伟大的企业靠制度来成就

为什么越来越多的现代企业管理者意识到了制度建设的重要性？因为经历了创业的艰难，在企业逐步走向正规管理的同时，他们看到了制度的优越性。一个合理的、完善的、有效的制度让创业者们逐步走向他们事业的新高峰。

如果说管理是树木，那么制度就是滋养万物的土壤。只有肥沃的土壤，才会培育出茂盛的植物；只有健全完善合理的制度，才能使企业实现规范有效的管理。制度是管理最有力的保障和支持。只有不断完善的制度，才能让管理走向规范化，才能让管理者从繁琐的事务中解放出来，才能为领导和员工提供最大的创造空间。在当今这个日新月异的时代，企业的内外环境在一刻不停地发生着变化，比如，市场的环境在变，客户的需求在变，竞争对手在变，企业内部环境每天都在变，员工自身也在变……一切都在变。一个持续变化的企业组织，必然要求其组织规则跟着变。因此，企业的规章制度必须不断地改变，不断地修订、补充、完善。通过不断地建立和健全制度，企业才能持续适应变化了的客观环境。否则企业组织就有可能无法适应日新月异的环境变化，而很快被淘汰。

1. 没有完善的制度，只有发展的制度

企业制度是用以规范员工行为，使各项工作有章可循，从而提高管理效率与质量的行为准则。每个企业都一直致力于寻求最适合自己的完善的制度，但我们知道，世界上从来没有完美的东西。因此，好的制度需要跟随时代的发展变化不断地修订。

好的制度不是一成不变的，它在不断地变化中趋于合理、完善，因而才能保持永恒的生命力。好的制度需要在变化中求和谐，在和谐中求发展，在发展中求完善。大到治理国家，小到管理企业，一成不变的制度是没有生命力的。因此，制度的完善与创新尤为重要。发展的制度可以为企业的规范管理提供支持，只有良好的管理才能使企业在当今社会具有竞争力。

建立制度对于政府部门的工作非常重要。同样，对于一个现代化企业来说，面对竞争日益激烈的市场，建立制度也是刻不容缓的。

制度建设要不断创新。企业发展是个动态过程，制度建设也是个动态过程，制度需要随着宏观形势的变化和企业自身的发展而不断进行修改和完善。比如要根据国家法律法规、政策制度发展变化的需要而修改和完善制度。企业经营管理实际上就是一个与政府、市场、竞争对手等社会各方面因素进行互动的过程。因此，作为企业管理的一项基本工具，制度也需要不断创新、不断改进。

某单位曾经有过这样滑稽的规则，这个单位以发生意外事故的多寡来决定是否表彰员工。这样的规则如用在几乎没有危险性的工作场所，显然不合情理。表扬无事故记录的员工自然很好，但是要考虑各种不同的情况是否适合现实情况，做到公平公正。对于有些工作岗位上的人，工作本身就没有危险性，那肯定是要受表扬了；而那些从事危险性较高的工作的员工，则很可能与表扬无缘。

20世纪60年代在美国企业界广泛流传着这样一个故事：

一个不擅指挥、无能的连长获得了一项最高荣誉。获奖原因来自于一条规则。这条规则规定：凡连队官兵，如在军事演习中获得了最高成绩，连长则可获得最高荣誉。

这项规则在当初制定时肯定是出于某种特殊的原因。但过了一段时期还在执行，就显得有些迂腐，因此才会出现无能长官接受褒奖的情形。这则故事之所以流传于企业界，主要是它对于那些墨守成规的管理者有一定借鉴作用。

总之，规章制度的建立、制定是随着生产的发展、企业的进步不断改变的，而不应该一成不变。一个有经验的企业管理者要善于用规则管理员工。

注重制度建设，并且使制度适应企业内外环境的变化与发展，这对于企业来说具有十分重大的意义。

2. 没有完善的制度，只有合理的制度

让制度不断地趋于完善，仅仅依靠制度发展是不全面的，就像大海行船，没有舵手，我们无论如何也到不了彼岸，而制度的合理化就是制度发展的方向。

建设合理的制度是做好管理工作的基础。只有合理的制度才能在实践中得到不折不扣地执行。制度不落实，管理责任不到位，企业就不可能实现持续发展。因此，制度建设要切合实际。有人戏称制度就是游戏规则，规则要公正、公开、公平，切不可"管、卡、压"，过分地强调控制就会带来严重的负面影响。如，降低员工的积极性、影响创新能力的发挥等。管理者既要把制度建设成为一种行为规范，又要通过让员工参与制度的制定、对员工进行制度宣传教育等有力措施使制度深入员工心中，通过潜移默化的影响使员工培养高度的自制力，达到员工自制与企业控制之间的最佳平衡。

合理的制度不是管理者的独裁和专权，而是在员工和管理者的共同努力下才能够不断发展和完善。

英国的文职官员被普遍认为是世界上最优秀的官员队伍之一，廉洁与高效为其赢得了巨大声誉。然而这一切都源自于其构架良好而又合理的文官制度。在英国，文官并不包括组成内阁的大臣，即与内阁共进退的"政务官"，而仅指"事务官"，其职责是执行当时政府的政策，但并不参与政党活动。他们构成了政府中所谓的"非政治"分子，即不参与党派之争的人。在内阁经常发生更迭的情况下，他们的存在保证了政策的稳定性与连续性。高级文官还时时准备为大臣提供咨询，向其提供必要的情报、知识以及实践的经验。显然，服务的年限越长，他们在政府中的影响力也就越大。这样，他们不但执行既定的方针、政策和命令，而且对于这些方针、政策和命令的制定还有一定的、有时甚至是决定性的发言权。正是这后一项职能的行使，使文官成为国家机器中极为重要的一部分，成为"永不更迭的幕后政府"。前台是两党轮流执政，后台则永不更换，这是英国文官制度的重要特征。

完善合理的制度可以给企业或组织带来如下好处：

第一，完善合理的制度可以把管理者从繁琐的事务中解放出来。

作为一个管理者，你是否有时会因为员工的不规则操作，或者是很多细枝末节的琐事而感到焦头烂额？

完善合理的制度像是一把锋利的剑，可以为你斩断一切纷扰。永远都不要畏惧出现的问题，因为世界上没有一劳永逸的方法，只有不断更新的制度才能为你解决后顾之忧，就像不断升级的杀毒软件，时刻保卫你的电脑，免于无谓的精神投入，让你的领导才智得到最充分地发挥。

完善合理的制度使现代企业纷繁复杂的事务处理变得简单，企业管理者不再需要将大量的宝贵时间耗费在处理常规事务中。这样一来，常规事务的处理就变得有章可循，企业的工作也可以处于一种有序的状态中。

第二，完善合理的制度可以让员工充满激情和创造力。

肯·布兰佳带来的"共好"（"共好"是中文"一起工作"的意思，指的是以正确的方式做正确的事情，而且得到正确的结果）的理念，让员工认识到了他们工作的重要性。无论是生产螺丝的员工，还是洗盘子的工人，只要他们认识到了"螺丝将固定在婴儿床上，用于保障婴儿安全"或是"餐厅里一群人的健康就握在他们手上"，相信员工们会乐于接受和认可制度，并主动维护、完善制度。

灵活有效的制度提高了工作效率，让员工们有更加充裕的时间发挥他们的创造力，为企业创造更多的价值。

同时，由于制度对于每个人都是一样的，制度的完善会使员工之间达到一种公平、和谐的状态，能减少因管理者人为原因造成的不公平所带来的人事纠纷。完善合理的制度是打造和谐团队的根本。

第三，完善合理的制度可以使企业或组织的竞争力获得极大的提升。

同治理国家一样，在企业中完善合理的制度可以使企业提高工作效率。在当今竞争越来越激烈的情况下，提高工作效率和企业管理水平可以极大地提高企业的综合竞争力。

春兰集团已将企业制度作为培育企业核心竞争力的重要领域，并已经具备了可以与国际上优秀企业相媲美的企业制度竞争力。春兰集团实行的创新型矩阵式管理体制具有以下优点：

第一，具有良好的前瞻性和可扩展性。

当企业进入新的产品领域时，矩阵结构可以很容易地迅速以产品事业

部的形式扩充新的建制，而不必对整体架构作出大规模调整。

第二，具有相当大的灵活性。

例如，该管理制度体现了以市场为导向的管理理念，不同的产品事业部可以根据市场特点确定不同的产品策略、定价策略、市场推广策略，或直销，或分销，或实行代理制，或OEM、ODM，有效避免产品策略的一般化、简单化，能收到更好的开拓市场的效果。

第三，有利于协调企业各种资源，发挥企业整体竞争优势。

横向"立法"部门一方面监督规章制度在各部门、各子企业的执行情况，另一方面根据实践中总结出的经验加以推广，以提高企业的整体运作能力。

那些优秀的企业总是能够对企业内外环境的变化作出迅速而且恰当的制度性反应，使自己的制度更加适应环境的要求，使企业制度日趋完善。

制定完善合理的企业规章制度是建立现代企业的需要，是规范、指引企业部门工作与员工行为的需要，是巩固劳动纪律的需要。同时，完善合理的制度建设有利于建立一支高效的企业团队，规范作业流程和员工工作行为，使企业形成一个融洽、竞争、有序的工作环境。只有在这样的环境中，员工才能最大限度地发挥自己的潜能，使组织工作效率最大化。

总之，建立完善合理的制度可以大大提高企业的管理效力、决策与实施的速度，提高企业的竞争能力与生存能力。

最佳制度创造最佳企业

作为20世纪管理史上最成功的畅销书之一，《基业长青》创造过良好的销售纪录。这部由詹姆斯·柯林斯、杰里·伯勒斯联手打造的著作，被《今日美国》称为"继《追求卓越》之后最引人注目的企业研究力作"。

在管理实践中，许多企业的老板遗憾地发现，除非你的企业已经做了100年以上，否则如果你完全按照书中的原则行事，很可能遭到迎头重创。因此，对于一些中小企业管理者来说，在研读此书的同时，很有必要针对自己的现实情况对书中宣扬的企业行为模式加以批判分析，最终使其为我所用。

《基业长青》认为，成功企业未必一定拥有一个能力超强、魅力非凡的领导人。它真正需要的是能够建立起一个自我发展、创新的团队，同时能深谋远虑使企业不断进步的领导者。

简而言之，领导者成败的关键在于能否"建立起一种长而持久的制度"。对于成功企业来说，赚钱只是一组目标中的一个，而且不见得是最重要的目标。在现实中，追求多元目标的企业往往能够比纯粹以营利为目的的企业赚更多的钱。

这种追求多元目标，平衡理想与现实之间关系的"务实理想主义"思路，对于小企业也是十分必要的。但是为了生存，企业必须将追求利润作为首要目标。

如果企业希望长期生存，就必须考虑如何合理地分配资源，为自己规划健康的生存状态。不过这一点却很少有企业能够真正做到。

以一家分销商的日常工作为例，企业所面临的困难使得他极度关注利润。首先，销售的毛利日益菲薄，二级代理和客户拖欠款的周期越来越长，而供货商催款的通知天天不断，同时一些正在运行的项目收款也很不顺利，还需要从可怜的利润中留出一些钱来以备万一。在这种情况下，他

还要拿出一部分现金来应付日常开销，维系各种关系。如果他上面有上级，还需要做一些假账来充点业绩门面，当然也要给总部回一些货款，以配合上层战略的需要。

《基业长青》认为，每个伟大的企业拥有的价值观并不相同，真正重要的也不在于此，而在于这些价值观的内容是否得到遵守。"关键不在于说一说而已，而要真正地在实践中做到这一切。"

对于企业来说，核心的价值观念并不是一开始就有的，企业要经过一个摸索的过程，才能最终确定哪些观念可以成为自己企业的精神箴言。如果企业能够缩短这一过程，企业就可能更快地走向成熟。如果不能迅速确定企业的价值观念，那么尽快确定企业的"性格"，可能会给管理者带来更大的收益。

很多企业的"性格"带有其老板的鲜明痕迹，久而久之，企业里员工的行为模式和判断标准几乎与其老板没有区别。于是形成了许多不成文的"潜规则"。这些"潜规则"在很大程度上就是企业实际运行过程中的价值观念。

例如，一家民营企业，由于老板本人带有浓厚的政治家情结，于是整个企业在企业文化和价值观念方面都带有鲜明的政治色彩。具体表现为：重视对老板本人的研究；重视对党和国家以及地方政府政策方针的研究（该企业给自己的定位也是"政府导向型"企业）；重视企业内部的职位和晋升，并且以此为最较奋斗目标；员工普遍具有政治敏感性，又红又专，既重视工作业绩，又具备较强的处理各种复杂关系的能力；核心员工具有很高的忠诚度，用该企业一位中层干部的话说："能做到中层干部位置上的人，都是三起三落，经受过无数次考验的人。"

综上所述，企业如果没有成熟的价值观，也一定要有符合自己"性格"的实用"潜规则"。

《基业长青》认为，事实上，成功企业并不像想象中那样谨小慎微，它们往往敢于打破常规，实施胆大包天的计划。

例如，波音企业在1965年研制波音747巨无霸喷气式客机的计划；"福特"在1907年提出让汽车大众化的计划；索尼在1952年研制世界上第一台袖珍收音机的计划；沃尔玛在1990年制定每年每平方英尺销售额增加

60％的计划；还有就是IBM号称"50亿美元的豪赌"的"360计划"。这些计划在推出时无一不被外人看作是精神失常的表现。但是，恰恰是这些计划成就了这些企业的伟大。

中国人一向推崇"胆大心细"的英雄，对于企业运作来说，这个标准同样适用。对于小企业来说，由于掌握信息的能力有限，这一点就显得更加重要，尽可能多地了解有效信息，对于降低风险将会起到关键作用。

几年前有一家区域的渠道企业成功地囤积了一批IBM的某一款服务器，而后高价售出，赚取了很高的利润。该企业老板回忆，在囤货之前，他将北京地区的货源情况以及该区域近期一些重要项目的供货情况摸了一个"门儿清"，知道IBM哪一款服务器在短期之内不会再有货，而本地区的两个大项目已经交货在即，只要控制好时间，就可能通过提前进货大赚一笔。不过，由于这一单订货动用的资金很大，同时还需要考虑厂商的调价变数，因此，他在实施过程中非常谨慎，几乎将业务过程中每一个环节都了解了一遍，才最后作出订货决定。

在细致准备的基础上，小企业应当推出振奋人心的优秀制度，制定优秀的制度需要超常的努力和一点点运气才能完成，并且要具有持续刺激企业进步的能力，它的目标必须符合企业的核心理念。此外，行事谨慎并不意味着丧失敏锐，小企业必须比别人更快地发现和把握机会，否则就不可能赢得先机。

第2章

企业应该按制度进行管理

　　企业管理制度是企业管理各项水平的综合体现，是一项复杂的综合性系统工程，企业管理制度的建立、健全和完善必须有计划、有秩序、有步骤地进行。建立、健全、完善企业各项管理制度是一个动态的过程，包括如何正确地制订、如何有效地执行以及如何不断地修订完善等三方面的内容。这一章，我们先讲怎样建立企业管理制度。

企业管理制度体系

为了对现代企业管理制度的制订有一个较全面的把握，在这一章中，我们试以企业为考察对象，了解一下现代企业管理制度的体系及其发展。

企业的经营是积极适应外部环境变化与要求、企业经营的目的和经营观念，制订和调整企业目标和战略，进而建立起适应战略要求的组织结构和管理结构，并通过各职能领域的活动展开和落实实施战略，以实现企业目标和使命的系统活动过程。将该系统活动及过程作一个简单概括，我们不妨用它来考察企业管理制度。

1. 企业经营目的、观念系统

企业经营目的、观念系统形成了企业一切经营活动的最高行为规范，从这一点来看，它也是一种制度安排，是企业管理制度的最高层次。

2. 企业目标与战略系统

企业目标与战略作为一种经营管理制度安排可以从这两个角度来考察：（1）企业目标与战略应该被看成一种管理活动，它涉及制订、决定及组织实施战略方案计划等方面。战略所要发现和解决的问题是不确定的、例外性的、非程序性的，但作为一种管理活动，战略有其特定的职能内容、过程、步骤与方法，这方面则有规律可循。（2）战略问题十分复杂，涉及多方面的知识、信息和资源，需要众多人员的参与和努力。战略决策和计划的有效性对企业而言命运攸关。为了有效地运用各方面的知识经验、信息和资源，协调和集中参与战略职能活动的众多部门和人员的力量，提高战略管理的效率，制订出富有创造性的、积极适应环境变化的战略，我们需要根据战略活动的内在规律性，形成一系列有关战略管理活动的规范，对企业战略职能的活动内存、原则、基本过程、步骤与方法，以及有关部门、人员的职责分工与合作关系等加以明确，这就是战略管理制度。当然，有时企业也许对战略管理活动并没有作出明确的文字规定，但

实践中形成了大家共同认可和遵循的惯例，这也是制度的一种存在形式。

3. 企业组织系统

企业战略必须通过组织机构来贯彻实施。如果缺乏适应战略要求的有效组织结构，企业的任何战略目标都无法有效地实施，结果只能导致平庸乃至失败。企业适应外界变化而制定的战略以及战略的调整与改变，都意味着企业的任务与政策有了变动，为了完成任务、实施政策，企业中各项职能活动的内容、性质，各项职能活动在战略实施中的相对地位以及相互之间的关系也随之发生了变化。因此，企业必须根据战略要求来对原有的组织结构予以调整，重新进行职能的划分与有机组合，设定组织的职责权限系统，建立新的沟通渠道，明确组织内各部门、各层次间的相互关系以及协调方式，等等。这将形成企业内部管理中的组织行为规范，即企业内部的组织管理制度。

4. 企业的经营业务职能系统

企业的经营目标与战略归根到底要通过各种具体的业务活动来实现。企业经营职能活动的内容极为繁杂，且在不同的战略下，经营的工作任务和职能活动的具体内容可能大不相同。但是，如果我们以战略目标为基础，以产出为中心，将企业的职能进行综合分类，可以概括为这几大基本版块：市场营销、生产制造、研究决策、人事、财务等。另外，随着知识经济社会的到来，信息成为广大企业纷纷关注的焦点，信息管理制度是一个新兴的并且颇受重视的领域。这些职能领域包容了企业的主要的经营业务职能。企业管理层通过对各项职能领域活动的计划、组织、指挥协调与控制，将它们有机结合起来，从而把握日常经营的全局，保证战略的有效实施和经营目标的实现。在大型、多种经营的企业中，企业总部通常只保留资源的获得与分配、研究与开发和关键的人力资源开发与管理、信息交流等职能，各经营分部具有市场营销、生产制造乃至研究开发、财务、人事等职能。但企业总部必须通过企业整体战略及各层次战略的衔接，对各经营分部的职能活动进行指导和一定程度的约束与控制。

日常经营管理制度体系

具体到各职能领域的计划、组织、指挥、协调、控制等管理活动，同样都有其特定的内容、原则、程序和方法。将职能领域的管理行为规范化，形成关于日常经营管理制度，这是企业经营管理制度的主要内容，也就是企业管理制度的外延与内涵。这些制度代表着全部职能领导管理工作的观念、政策、内容、方法和操作程序。

1. 营销管理制度

销售管理在现代企业管理中占有极其重要的地位。企业的市场经营观念从生产导向转变为市场或顾客导向。企业的销售管理也从简单的销售发展到市场营销，即包括市场调查、预测、产品决策、销售、定价、广告、推销、服务等一系列活动。企业需综合各部门的力量，整体地运用各种策略，最终达到企业的目的。现代营销管理有四个基本环节，即产品决策、定价决策、销售渠道和促销策略。

产品决策是企业为满足市场需要，在产品上所作的各种决策的总称。它包括商标、包装、服务等方面的决策和产品组合决策。

定价决策是销售管理中的一个核心问题。定价方法层出不穷。多数企业采用成本加成定价法，即在生产成本基础上加以一定百分比的利润和税金，得出一个初步价格，然后再用市场需求、竞争、国家规定价格等因素加以修正，得出定价。

销售渠道是产品从生产企业转移到消费者或用户所需经历的路线和环节。

促销策略的工作内容包括广告、人员推销、营业推广和公共关系等四个方面。

2. 生产管理制度

生产管理是对企业的经营活动进行计划组织和有效控制。生产是将原

材料变为产品的过程，现代生产不仅包括有形的劳动过程，还包括设计、计划、营销等无形劳动。现代的生产管理制度必须适应规模大、效率高以及产品向高精尖、多功能、智能化方向发展的特点。

3. 财务管理制度

财务管理是依据企业生产经营过程中资金运动的规律，利用价值、货币形式，通过计划、组织指挥、协调与监管，对企业的资金、销售收入和利润的管理。贯彻执行国家有关财务、会计的法律规定，按规定按时缴纳税金。

财务管理的任务有：保证生产经营活动合理的资金需求，提高资金利用率；降低成本，提高企业盈利水平；分配企业纯收入，正确处理国家、企业、职工三者关系；实行财务监督、维护财政法纪。

财务管理要遵循的原则有：计划管理原则、经济换算原则、统一管理与归口分组管理原则、物质利益原则。

4. 信息管理制度

市场经济是一种信息经济。宏观、微观决策，资源配置，生产经营都离不开信息。在日益激烈的全球化竞争中，企业更需要了解国际信息。因此，现代企业必须努力开发信息资源，强化采用现代化技术，积极开拓信息市场。大力发展企业的信息网络系统，并且注意同外界信息服务业、信息渠道的合作，扩大企业内外的信息利用和共享水平。

除此以外，还有研究开发、人力资源等方面。我们将在以后的章节中，围绕这些方面，对现代企业管理制度的具体内容进行更深入、细致的探讨。

制定管理制度的内容和原则

1. 建立企业管理制度的内容

通过前面内容对企业管理制度的介绍，我们要建立的企业管理制度主要包括以下内容：

（1）建立以参与国际竞争、占领国际市场为目标的经营战略体系。

（2）建立企业职工培训、考核、奖惩制度。

（3）建立现代企业技术改造与科研制度。

（4）建立集中管理与分散经营相结合和即集、分权相结合的运行机制。

（5）建立企业民主管理制度。

（6）建立现代企业的文化生活制度，等等。

当然，为此要建立起一系列配套的营销管理、研究与开发管理、生产管理、财务管理、人力资源管理等具体制度。

2. 制订企业管理制度的原则

建立和制定企业管理制度时应该遵循以下原则：

（1）制度要健全，要力求完备，以便处理问题时有根有据。

（2）管理制度的制定必须坚持领导与员工相结合的原则。企业内部规章制度的制定涉及广大职工的生产经营行为及各种利益，因而绝不能把它当作简单的文字性事务工作来对待，而要结合本企业的实际情况和生产经营管理的需要，经过充分讨论，按有利于员工贯彻执行的原则来进行制定。

（3）制度的制定要根据实际需要，以能发挥实际效果为目的。不订无用的制度，不订空洞无物的制度，不订不切实际的制度。

（4）制度的制定不能与国家法律相抵触，要考虑人性和风俗。尤其是随着全球经济一体化进程的加快、国际性大市场的形成，企业势必要与

更多的国家、地区，更多的人群打交道，跨国企业、多国企业在这方面更是如此。因此，企业管理制度的制定必须考虑到国家法律、当地风俗习惯、人们的文化教育水平、宗教习惯，等等。

（5）制定的制度要形成完整的体系，彼此相互配套，避免重复和相互矛盾。由于企业管理制度是一个由许多方面内容组合而成的体系，各方面的配合与衔接就显得相当重要，一套不完整的企业管理制度或是互相冲突的管理制度只能使企业中的人员更加无所适从，管理更加混乱，而不可能实现管理的标准化、科学化。

3. 制定管理制度的指导思想

制定管理制度要坚持六条指导思想：

（1）领导与员工相结合的原则。制定管理制度既要体现领导集中统一管理的要求，又要反映出普通员工维护制度的愿望。企业厂部领导应统一负责组织拟定，在制定中要坚持走员工路线，及时总结员工经验，从员工中来，到员工中去。

（2）实事求是的原则。制定管理制度要坚持从企业本身的具体情况和条件出发，力求符合实际、切实可行。

（3）相对稳定原则。所制定的管理制度既要立足现实，又要考虑发展，要避免朝令夕改，保持相对稳定的原则。

（4）提高工作效率和提高经济效益的原则。这一原则有利于实行集中统一指挥，有利于有效地组织企业的生产经营活动。这是制定管理制度的基本出发点和落脚点。

（5）为员工服务的原则。制定管理制度要坚持为人民服务的宗旨，保护员工身心健康，方便员工工作生活。要遵循以人为本的原则，制定出的条例要有人情味。社会主义企业的管理制度不是对工人"管、卡、压"，而是革命自觉性和纪律性的统一。建立规章制度是员工的要求，这是社会主义国家与资本主义国家的根本区别。

（6）先立后破的原则。在新的管理制度没有生效以前，原有的制度应该继续执行，以免使管理陷入混乱状态。

制定管理制度的依据和程序

1. 制定管理制度的依据

制定管理制度的主要依据有三个方面：

（1）实际生产力水平。即要把生产经营的具体情况和条件作为制定管理制度最重要的依据。同时还应考虑随着科学技术的发展而带来的生产力发展。制定的管理制度要切合实际，这既反映出生产过程的客观规律，又反映了生产力发展的客观要求。

（2）成功的经验和失败的教训。成功的经验（包括工厂内部的和工厂外部的）用制度加以肯定，让人们照着做；失败的教训（包括工厂内部的和外部的）用制度加以否定，禁止人们重蹈覆辙，保证事故不再重演。制定的制度是成功的经验和失败的教训的结晶。

（3）国家的方针、政策、法律、法规。管理制度既反映生产过程的客观规律，又适应生产关系的客观要求。因此，制定管理制度必须符合国家方针、政策、法律、法规。管理制度既反映生产过程的客观规律，又适应生产关系的客观要求。因此，制定管理制度必须以国家的方针、政策、法律、法规为依据，使制定的制度符合党和国家有关的法律法规。

2. 制定管理制度的程序

制定管理制度的过程，是领导同员工相结合反复进行调查研究的过程；是总结本企业的经验、总结历史的经验与学习成功企业的先进经验，探索企业管理的新方法、提高管理水平的过程；同时也是从员工中来，到员工中去，发动员工进行自我教育、参加民主管理，提高企业素质的过程。制定规章制度应该遵循的基本程序是：

调查——分析——起草

讨论——修改——会签

审定——试行——修订——全面推行

　　也就是说，管理制度的制定要经过充分调查、认真研究后才能起草。草稿形成以后，要发到有关职能部门的基层单位反复讨论，斟词酌句，缜密修改，并经过有关部门会签和领导审定，然后在小范围内试行检验。对试行中暴露出的问题和破绽要认真进行修改。重要的规章制度还要提交总经理或者董事会通过。只有遵循上述基本程序，制定出的管理制度才能切合实际，具有权威性和合法性，才能顺利贯彻执行。

一人一位，各司其职

作为领导者，在组建领导机构的过程中有两个重要问题不可忽视，一个是副职安置过多，也就是职位的设置超过了实际的需要。这也是当前管理工作中的一大弊病。如果说，一般工作多派了人能够做得快一些或者只是造成一些窝工浪费现象，而在管理工作中若多派了人手，在大多数情况下，都会把事情搞糟。

一个领导机构中副职过多，坏处也就随之而来。第一，容易造成人浮于事，明明一正一副就可以办的事，硬要设立好几个副职，致使一件事推来推去，一个文件传来传去，最后没有人办事，出了问题大家负责，共同承担，实际上等于谁也不负责。第二，副职过多，造成分工过细，每个人只管自己分内的工作，而不过问其他方面的事情，协调不好就会出现"一人一把号，各吹各的调"的状况。甚至有些人不顾整体利益，互相削弱力量，无法形成一种合力。第三，副职多，下属的"婆婆"也多，"一个君主一道令"，往往使下属无所适从，特别是有时要花费很大的精力去顾及管理层数职之间的关系平稳，在下属不愿得罪任何一个上级时，往往煞费苦心寻找一个"几全其美"的方法进行协调，而这种"几全其美"的方法往往是效率平平的。总之，副职过多，弊多而无利，容易出现的结果便是整个领导机构的效率降低，正如有的领导者深有感触地说："让我一个人干，也会比现在这样好！"

此外，还要"为官择人"而不要"为人择官"，做到宁缺毋滥。类似于"为人择官"的现象在一些地方并不少见。比如，有这么一个人，是某某年某某级别的干部，那就不管他是否年老体弱，也不问他能否胜任工作，就一定要为他安排一个相当的职位；或者是，只要有学历，不管他有无实际工作能力，也硬要把他拉上来。反过来，一个资历较浅、级别较低的人，虽然他学有专长又年富力强，或者虽然文化程度不高，但具有某一

方面的管理特长，也不能放到那个职位上去。我们应"为官择人"，以职务要求为标准，凡能胜任职务的，不论资排辈，不讲亲疏远近，不以级定职。

组阁中另外一个重要问题就是有些领导者过于相信自己或某一个人，把应该归别人做的事情也揽过来，身兼数职，结果扰乱了管理层次。领导者兼职一般有两种情况：一种是纵向兼职，另一种是横向兼职。

纵向兼职，就是一个领导者身兼两级职务。在这种情况下，领导者在商量工作或找人谈话时，不可能每句话都解释一下他这句话是以某身份说的，另一句话是以另一个身份说的。下属因此也无法判断他是在哪个级别上说话，因而常常导致误会。

凡纵向兼职，除非在某一个职务上什么事也不管，即虚职，否则就会产生混乱。我们说，领导者兼职就要履行所兼职务的职责，这样，下属必须把矛盾原原本本地交上来，而领导者又不得不亲自作出处理，处理的依据则往往是间接的汇报反映，使处理的结果常常失之于独断和片面。如果在某一个职务上什么事也不干，那又何必兼职呢？此外，兼职后哪一级的会议都要参加，只有发言权，并无任何职权，对组织无任何好处，个人的时间也被浪费掉。如果仅仅是为了地位和待遇而兼职，那么就应该把他看作部门内多余的人。

横向兼职，就是一个领导者兼任两个平级组织的领导职务。无论这位领导者多么公平，两个组织的下属也都会埋怨他厚此薄彼。又因一人要关照两个组织的工作，当两个组织同时需要他时，他就很难兼顾。此外，因下属人员过多，工作很难照顾全面，也会影响组织的效率。

第3章

制度的制定一定要合理

企业制度是一个企业制定的要求企业成员共同遵守的办事规程或行动准则。良好的企业制度对企业的发展起着很大的作用，而不合理的制度不但在企业里造成管理混乱的现象，而且直接影响到企业的可持续发展。制度本身不合理，缺少针对性和可行性，执行起来就会遇到诸多的困难。而企业大多喜欢用一些条文来约束员工的行为，通过多种考核制度达到改善企业管理的目的，但企业制度不合理本身却限制了企业的发展。

制度的好坏决定企业的前程

仅仅明白建章立制的重要性和一般步骤还远远不够，企业还要制定出好的制度。制度本身的好坏，对人的行为有重要的影响。好制度和有缺陷的制度，其最终所达到的效果会截然不同。一个良好的制度能够鼓励人们做好的事情；相反，一个不良的制度会阻碍人们的积极性，甚至把好人"逼"成坏人。所以，一个组织系统内部有着怎样的作为，制度的好坏有着决定性的意义。

让我们来看一看下面这个常被人提起的故事：

有7个人组成了一个小团体共同生活，其中每个人都是平凡而平等的，没有什么凶险祸害之心，但不免自私自利。他们想用非暴力的方式，通过制定制度来解决每天的吃饭问题。比如要分食一锅粥，但并没有称量用具和有刻度的容器。

大家试验了不同的方法，发挥了聪明才智，多次博弈形成了日益完善的制度。

实验过程是这样的：

（1）拟定一个人负责分粥事宜。很快大家就发现，这个人为自己分的粥最多。于是又换了一个人，仍然是主持分粥的人碗里的粥最多、最好。由此我们可以看到：权力导致腐败。

（2）大家轮流主持分粥，每人一天。这样等于承认了个人有为自己多分粥的权力，同时给予了每个人为自己多分粥的机会。虽然看起来平等了，但是每个人在一周中只有一天吃得饱而且有剩余，其余6天都饥饿难挨。于是我们又可得到结论：绝对权力导致了资源浪费。

（3）大家选举一个信得过的人主持分粥。开始时，这位品德尚属上乘的人还能基本公平，但不久他就开始为自己和溜须拍马的人多分粥。不能放任其堕落和风气败坏，还得寻找新思路。

（4）选举一个分粥委员会和一个监督委员会，形成监督和制约。公平基本上做到了，可是由于监督委员会常提出多种议案，分粥委员会又据理力争，等分粥完毕时，粥早就凉了。

（5）每个人轮流值日分粥，但是分粥的那个人要最后一个领粥。令人惊奇的是，在这个制度下，7只碗里的粥每次都是一样多，就像用科学仪器量过一样。每个主持分粥的人都认识到，如果7只碗里的粥不相同，他确定无疑将享有那份最少的。

这个故事给了我们很深刻的启示：不同的制度会产生截然不同的结果。

当然，上述是个理想化的故事，因为当一个制度建立起来之后，不可能那么容易就会改变的，而且这个故事所说的制度改革，只限于分配层面，还没有涉及生产、交换等其他层面，但这也足以说明了制度不同所带来的效果的差别。

如果这个故事有其理想色彩的话，18世纪的一个真实故事显得更为现实。

18世纪末，英国人来到澳洲，随即宣布澳洲为它的领地。但要开发这样辽阔的大陆，需要大量的人力，可当时英国没有人愿意到荒凉的澳洲去，于是，英国政府想了个办法，把罪犯统统发配到澳洲去。当时，大规模运送犯人的工作被一些私人船主承包。在运输费用结算上，起初，他们采用的是以上船的人数支付费用的制度，至于到了澳洲上岸时还有多少人活着就与船主无关了。运犯人的船大多是很破旧的货船改装的，船上设施极其简陋，没什么药品，更没有医生，生活条件十分恶劣。而船主为了牟取暴利，尽可能多装人，却把生活标准降到最低。船一旦离了岸，船主按人数拿到了钱，对这些人能否活着到达澳洲就不管了。有些船主甚至故意断水断食。3年间从英国运到澳洲的犯人在船上的死亡率达12%，有一艘船上有42个犯人，竟死了18个，死亡率高达37%，这不仅使英国政府遭受了巨大的经济和人力资源损失，英国民众对此也极为不满。

英国政府于是想了很多办法。每艘船上都派一名官员监督，再派一名医生负责船上的医疗卫生，同时对犯人的生活标准作了硬性规定，但死亡率并没降下来，有的监督官和医生竟然不明不白地死了。政府后来查清了原因：一些船主为了贪利而行贿官员，如果官员不听从，干脆扔到大洋里喂鱼。问题没解决，还出了新问题，政府多花了钱，却照常死人。

根据一些绅士的提议，政府把船主们召集起来进行培训，还教育他们要珍惜生命，告诉他们送犯人去澳洲开发是为了英国的长久大计，不能把金钱看得比生命都重要。但情况依然没有好转，死亡率一直居高不下。

这时，一位议员认为，那些私人船主钻了制度的空子，政府支付费用的办法不能以上船人数来计算，而应倒过来，以到澳洲上岸的人数为准计算报酬。政府采纳了他的建议——不论你在英国上船时装多少人，到澳洲上岸时再清点数支付报酬。结果，船主们一改以往的做法，想尽办法让更多的犯人活着到达目的地，饿了给饭吃，渴了给水喝，大多数船主甚至聘请了随船医生，犯人的死亡率降到了1%以下，有些运载几百人的船经过几个月的航行竟然没有一人死亡。

船主还是那些船主，为什么他们一开始偷奸耍滑，后来又变得仁慈了呢？并非他们的本性有什么变化，而是制度的改变导致他们的行为发生了变化。

不好的制度能使人事不关己，高高挂起，好的制度能使人肝胆相照，荣辱与共；不好的制度会使人感到山重水复，好的制度则能使人感到柳暗花明。尽管好的制度也有一定的局限性，不是十全十美和万能的，但没有好的制度是万万不能的。所以，我们需要建立和完善企业的规章制度，形成适应员工、适应企业、适应社会的好制度。

不合理的管理制度要改革

企业制度是指一个企业制定的要求、企业全体成员共同遵守的办事规程或行动准则。良好的企业制度对企业发展起着巨大的作用，而不合理的企业制度不但在企业里造成管理混乱的现象，而且直接影响到企业的可持续发展。

制度本身不合理，缺少针对性和可行性，在执行起来就会遇到诸多困难。许多企业往往用一些条文来约束员工的行为，通过各种考核制度来达到使企业管理完善的目的，但是制度不合理本身却限制了企业的发展。

李正方在一家民营企业工作，这个企业的管理制度可谓十分严格。单位规定早上8点上班，迟到15分钟以内，扣全天工资，迟到15分钟以后，一个月奖金全部扣发。虽然单位出现迟到的现象也很少，但是员工从内心里却很反感这种制度，容易产生逆反心理，责怪企业太没人性。有一次下着大雨，公交车一路堵车，最后他在8点07分才赶到单位，值班保安立刻叫住他登记科室姓名，一天辛辛苦苦就这样白干了。后来有人告诉他，迟到15分钟后，干脆就不要来了，赶快打个电话，撒个谎，说有急事请假，这样一天的工资是没了，但是全月奖金却保住了。

这样的管理制度，看似十分严格，实际上有很大的漏洞，导致员工想出许多办法来对付。长此以往，会有越来越多的人产生规避心理，实在不行就抬腿走人，那么企业制度就成了人才流失的一个重要原因。

而有一些企业规定，如果8点上班，8点15分以前到单位，一个月在规定的次数以内不算迟到，超出规定次数，才开始惩罚，得到了员工的认同，而且执行起来也十分有力。

制度本身的目的是为了更好地规范管理，建立健康有效的管理机制，一旦成了不合理的束缚，就会导致员工敷衍了事。

有这样一家国有企业，单位制度制定得非常不合理。例如，当承包一项工程项目时，项目经理最后无论是成本控制得好还是坏都无所谓，赢利了上缴，对项目经理除了名誉上的奖励以外，物质上没有任何奖励，一旦工程亏损，也没有任何惩罚措施，结果很明显，大部分工程处于绝对亏损状态，只有少数工程刚刚持平。当企业的规定流于形式时，好的合理的制度也在执行时受到牵连，单位上许多良好的制度最终都没有执行，结果人人都在混事，有本事的人都离开企业另谋发展，企业的经营状况一天不如一天。如果领导还看不到问题的严重性，并采取相应的措施，那么，这家企业破产是迟早的事情。

制度不合理对一个企业的影响是重大的，导致执行力不够，直接关系到企业的成功与发展。因此，企业首先改革的应当是不合理的制度。

不合理的制度会阻碍执行

制度本身不合理，缺少针对性和可行性，或者过于繁琐不利于执行。经常遇到一些企业企图通过各种报表的填写来约束员工的行为，或通过各种考核制度企图达到改善企业执行力的目的，但往往事与愿违。

企业每制定一个制度就是给执行者头上戴了一个紧箍，也进一步增加了执行者内心的逆反心理。最后导致员工敷衍了事，使企业的规定流于形式，说不定连有些本来很好的规定也受到了牵连。所以企业在设计相关的制度和规定时一定要本着这样一个原则，就是所有的制度和规定都是为了帮助员工更好地工作，是提供方便而不是为了约束，是为了规范其行为而不是一种负担。制定制度时一定要实用，有针对性。比如企业要建立正规的咨询业务的工作流程，我们在家里能想出一套方案来，如果通过请教其他正规的咨询企业的人员，可能会作出比我们自己设想的更合理的工作流程。再通俗一点，要想练好健美，必须请教专业的健美教练才行。

文学大师郭沫若曾说过：吃狗肉是为了长人肉，而不是为了长狗肉。这句话拿到制度建设中来也很有讽刺意味。我们经常看到有些企业把西方的所谓先进的管理制度全盘照搬，生搬硬套，结果导致了水土不服。什么是最好的？适合自己的才是最好的。针对性和可行性是制定制度时必须要考虑的两个原则。

在国内的企业中，许多制度之所以得不到执行，是因为制度本身缺乏人情味或不够合理，导致无法执行。比如，国内企业规定8点上班，管理严格的企业规定，迟到一次就重罚或者迟到三次就开除，看似管理严格，但不适应中国的国情。一方面，中国的职员职业心态还不到位，别的企业管理得不那么严，自己的企业管理得太严，对员工来说这本身就是一种付出，需要相应的成本回报；另一方面，中国交通的不确定因素太多，谁知道今天会不会交通堵塞，不可能每天都提前一个小时动身去企业。最后变成制度刚开始严格执行几天，以后就是总经理想起来抓一下，想不起来就放任自流了，久而久之，企业的制度都变成了纸上谈兵。而真正管理得好的企业，管理制度就人性化一些，但执行相当严格。以作息管理为例，有的企业就规定，如果9点上班，9点15分以前到企业的，一个月三次以内不算迟到，第四次就重罚，员工也很拥护，执行得也很好。

因此，在中国的企业内，制度的执行不是关键，关键是制度的制定要考虑周全。

制定合理制度要遵守的规则

要使得企业的规章制度制定得合理，一定要遵循一定的规则。

1. 制度与实施过程的区别

出于保护雇员和雇主利益的制度需要包括两个方面：行为准则和实施这些准则的规则。对于各个部门而言，必须制定出切实可行的实施条款，也就是所说的实施过程。制度和实施过程的区别在于制度列出各种条条框框的行为准则，而实施程序则是说明实施这些行为准则的流程。

举个例子，你期望所有的程序员在每天下班之前都必须检查自己的代码，你的部门程序文档就应该明确写入这一规定。如果哪位程序员不遵守这一规定，你的部门制度文档也有相应惩罚的详细规定。

如果你的部门没有这些条款，而你在工作中却凭自己意愿行事，这是不合理的。

2. 做好计划并得到批准

制定合理有效的制度的关键在于尽可能地使制度简单、清晰、全面。当制定企业的规章制度时，你首先得把各个部门的要求和建议文档化。这也许是一个很简单的事情，但是，你必须知道企业所有员工的期望，这是最基本的，你必须文档化所有的工作规程、部门之间的联系，等等。

一旦这些任务完成，就可以正式地制定企业的制度了。在这一过程中，建议一定要和人力资源部、建议者、员工、用户保持密切联系。为了避免员工日后产生不必要的意见，应该尽可能地考虑到员工的利益。

制度待定者也可以查看一下以前的制度，并看一看这些制度在那个时期所起到的作用。如果有个别条款很有效，并可以在当前行之有效，不妨把它列入企业当前的规章制度。

3. 正式地制定制度和实施的程序

假设你是一个软件开发咨询组的管理者，在企业里，你觉得程序员工作效率实在太慢，那么你怎么去处理这一问题呢？首先，你制定一套工作制度，规定完成哪些工作，如何完成，达到什么效果。应该注意这一制度必须包括所有事情发生的可能性。例如，如果超过最终期限，必须提前和项目领导说明不能按期完成的原因，哪些部分不能完成，什么时候可以完成。这样所有的计划才能够很好地协调。接着，你可以制定出如果不能按期完成应受到惩罚的条款："如果不能按期完成的员工必须被记入员工档案并取消远程工作的权利。"

最后，一些制度也可以没有具体的实施方案。例如，你可以为员工获得在家工作的权利而制定相应的制度，"如果请求在家工作，必须提前三天用E-mail通知项目经理"，"如果每个月都有四天或以上的时间在家工作，必须得到上一级领导的同意"。

4. 不要批复制定制度

制度一旦建立起来，必须力求完整全面。如果在员工作出不合理的行为后再作出规定，那是不公平的，而且也是很没有效率的管理方式。制度应该包含所有团队、部门、企业。

5. 制度的制定和更新必须遵循相应程序

在制度的实施过程中很容易走向极端，但是你应该清楚如果不实施这些制度时所带来的风险和危害。只有掌握所有员工的详细信息，你才能有效地保护每一个人的利益，提高自己的管理水平。

制度要严格制定

制度是人的存在和发展过程中为了高速、规范自身的行为和关系而约定或制定的规则体系，是浓缩的、固化的社会关系。任何一种制度都是为了满足一定的社会生活的需要而产生的，制度的功能就是满足人们社会生活的需要。

同时，制度对经济发展和组织效率提升的意义不言而喻。诺思在《西方世界的兴起》中宣扬的最主要的观点就是西方经济的发展最主要的得益于制度的变迁。他这里讲的"制度"，不仅包括国体、政体在内的"大制度"，也包括了商业机制、企业制度、信用制度在内的"小制度"，不仅包括了各种由长期习惯而形成的明文规则等正式制度，也包括了社会风俗、文化等隐性的非正式制度。

舒尔茨认为，制度的功能就是为经济提供服务。每一种制度都有其特定的功能和经济价值。如货币制度的特性之一是提供便利；期货制度可以提供一种交易费用降低的合约；市场制度可以提供信息；保险制度可以共担风险；教育制度等可以提供公共服务等。制度对于区域经济的发展居功至伟，而对于个体组织如企业的执行力，严谨制度的创立也是不可或缺的重要因素。

首先，我们要理解管理制度究竟是什么。

一般地说，管理制度是企业一系列成文不成文的规则，或者说它是企业贴上个性标签的关于经营管理的不同"打法"。制度不仅规范企业中人的行为，为人的行为画出一个合理的受约束的圈，同时也保障和鼓励人在这个圈子里自由地活动；或者更通俗地说，制度是一种标签或符号，它将企业中人的行为区分为"符合企业利益的行为"和"不符合企业利益的行为"。企业的管理者和决策者可以据此采取奖勤罚懒的措施，褒奖"合乎企业利益的行为"，惩罚"不合乎企业利益的行为"，从而有效地刺激企业中的人约束自己，提高组织执行的效率。而在这样的奖罚中，企业的各项规章制度也得以推行和巩固。

企业推行一种规章制度的诱因在于企业期望获得最大的潜在利润，而最直接的原因则在于提高组织的协调性和管理的有效性。从某种意义上讲，企业创立、创新一种制度是企业自身组织的一种形式，目的是协调企业内各部门之间协作效果和企业与外部衔接的有效性，用新制度新学派的观点来看，就是为了追求"收益递增"和克服交易费用过高等市场不完备的问题。

其次，我们要明白制度对执行的重要意义。

企业家的执行能力与企业的执行能力是两个完全不同的概念。企业家的执行能力是个人能力，而企业执行能力是组织能力或制度性的能力。企业家的执行能力是人治，而制度性执行能力是"法治"。人治的企业家能力通常是用"能人"，背后的哲学思想是"疑人不用，用人不疑"。而制度性执行能力背后的哲学思想是：人是一定要犯错的，所以用人就一定要疑，要建立一套制度来规范和约束人们的行为。

美国著名管理学家、《基业长青》一书的作者詹姆斯·柯林斯从400多位声名显赫的美国企业巨头中评选出了美国有史以来最伟大的10位CEO。令人意外的是，许多赫赫有名的人物并未入选，如世界首富微软总裁比尔·盖茨、通用电气企业前CEO杰克·韦尔奇等。

相反，上榜的10位企业家有人当初根本就没想到自己是当CEO的料，例如波音企业总裁比尔·艾伦。柯林斯指出，十大CEO的伟大之处在于：他们建立了在自己卸任之后，企业依然能够长久兴旺发达的企业机制；他们专心致志地构建一种大而持久的制度，并不刻意成为伟大的领袖；他们奠定了企业长盛不衰的基础，使企业能够持续发展。

所以，中国企业界谈执行问题的时候，千万不要本末倒置，为了速效而牺牲对企业基业长青的"基因"（制度与文化）的建设。管理者应当懂得企业持续增长的源泉，在于制度与文化对"人性中善的弘扬与恶的抑制"，只有在这样一个"道"的前提下，对执行"术"的追求才有意义。

随着企业的发展以及企业规模的不断扩大，企业领导人再用类似车间主任管理车间的那种方式来管理企业已经彻底行不通了，要在管理模式和

管理机制上下工夫，要夯实制度管理的基础。

　　企业领导人做企业，信誉是第一位的，但只有信誉是不够的，还要有一定的制度保障才行。因为员工需要一个更加开放、透明的管理制度，需要建立一个顺畅的内部沟通渠道，更重要的是形成规范的、有章可循的"以制度管人，而非人管人"的管理制度，增加内部管理的公平性。在企业持续发展阶段缺少"人本管理"并不可怕，而缺少行之有效、人人平等、贯彻始终的制度管理是可怕的，它会导致管理流程混乱。

　　因此，企业只有通过严格的制度管理，打破"人管人"的旧框架，实行"制度管人"的管理方式，才能将管理职能化、制度化，明确管理者的责、权、利，从而避免"多头领导"，提高管理效率和管理执行力。

第4章

用制度管人，按制度办事

用制度管人、按制度办事，是所有成功企业共同的特点。毫无疑问，规范与制度是企业必不可少的软件设施，也是企业得以正常运转的基石。因为企业是由各类人员组成的组织，而人的复杂多样的价值取向和行为特质要求企业必须营造出有利于企业理念和价值观形成的制度和文化环境，并约束、规范、整合人的行为。

定制度要遵循"修路"理论

著名管理咨询专家刘光起先生说："管理就是管出道理，道理就是规则规范。这里所讲的规则规范，指的就是管理中的各项规章制度。中国传统文化中"没有规矩不成方圆"的思想，也阐释了规章制度的基础性作用。

约翰和亨利到一家企业联系业务。这家企业的办公室在一幢写字楼里，落地玻璃门窗，非常气派。可是，由于玻璃过于透明，许多来访的客人因不留意，头往往会撞在高大明亮的玻璃大门上。不到一刻钟，竟然有两位客人在同一个地方头撞玻璃上。

亨利忍不住笑了，对约翰说："这些人也真是的。走起路来，这么大的玻璃居然看不见。眼睛长到哪里去了？"

约翰并不赞同亨利的说法，他说："真正愚蠢的不是撞玻璃门的客人，而是设计者。如果不同的人在同一个地方犯错误，那就证明这个地方确实存在缺陷。应该考虑怎么修正缺陷，而不是嘲笑那些犯错误的人。"

于是亨利向该家企业的经理提了意见，在这扇门上贴上一根横标志线，从此再没有来访客人撞到玻璃门了。

这个故事涉及"修路"理论，即当一个人在同一个地方出现两次以上同样的差错，或者两个以上不同的人在同一个地方出现同一差错，那一定不是人有问题，而是这条让他们出差错的"路"有问题。此时，人作为问题的领导，最重要的工作不是管人——要求他不要重犯错误，而是修"路"。

管理进步最快的方法之一就是：每次完善一点点，每天进步一点点，每个人每一次都能因不断修"路"而进步一点点。这里所讲的"路"就是制度和规范，"修路"就是指制度建设。

"修路"理论告诉我们，管理工作最重要的不是直接去管人，而是去制定让人各行其职的制度，修筑让人各行其道的路。

每个人都要遵守制度

《三国演义》里有一个"曹操割发代首"的故事：

为保护农民的利益，曹操传令三军：经过麦田时，不得践踏庄稼，否则一律斩首。这一天，曹操正带领军队出征张绣，一只斑鸠突然飞过，曹操的坐骑受惊蹿入麦田，踏坏一大片麦子。曹操要求行军主簿对自己进行军法处置，主簿十分为难。曹操却说："我自己下达的禁令，现在自己违反了，如果不处罚，怎能服众呢？"当即抽出佩剑要自刎，左右随从急忙解救。这时谋士郭嘉急引《春秋》"法不加于尊"为其开脱。此时曹操说："既《春秋》有'法不加于尊'之义，吾姑免死。"但还是拿起剑割下自己一束头发，掷在地上对部下说："割发权代首！"叫手下将头发传示三军。将士们看后，更加敬畏自己的统帅，没有出现不遵守命令的现象。

在制定和执行制度的时候要始终坚持制度面前人人平等的原则，特别是在执行制度时要一视同仁，谁都必须遵守，尤其是企业的管理者必须率先贯彻执行。如果在制定和执行制度的时候忽略了公平公正这项基本原则，那么企业的管理制度将成为一纸空文，成为粉饰自己的"花瓶"。

1. 制度要全面细致

"制度面前人人平等"，就是要保证企业在制度执行上的公正性与严格性。但是，如果制度本身制定得过于严格、苛刻，不近人情，在执行中往往就会暴露出很多问题，并严重影响员工的士气和工作积极性。因此，在制度的制定过程中，要充分考虑到员工的心理承受力，使制度本身保持适度的弹性。这是人本管理中最关键的问题。那么如何才能体现出制度中的人性化关怀呢？在制度面前人人平等，是严格而不是苛刻。如今已不仅仅是策略的时代，更是策略执行的时代。我们希望通过发掘执行力的基因，帮助这些管理者认识问题产生的根源，形成一种正确的管理思维方式。

2. 制度需要保证执行

制度建立后，关键在于执行。被严格执行的制度才有生命力。但在执行制度的过程中，总会有一些人只看到了规章制度对自身的约束性，而没有看到规章制度对员工的保护性。他们利用种种手段，想方设法去逃避制度，或者根本视制度为无物，我行我素。更为严重的是，在违反制度的同时，因为违纪者的职位，或者与其他相关人员的关系，使得违纪的行为不仅难以制止，而且难以得到应有的处罚。

制度面前人人平等。企业内不允许有不受制度约束的特殊人、关系人。如要在企业内超越工作关系，超越规章制度办事，只能让其选择离开。我们经常可以看到这样的情况：企业的管理者有很好的悟性，一些好的规章制度制定得非常科学严密，但在执行过程中却像是一拳打在棉花上，不能落地生根。执行力不是一个表象问题，要达到"提高执行力"的目标，我们首先要找出执行体系中的关键要素——那些起到特别作用的要素，制定相应的法则，才能保证执行力。

3. 导入竞争机制，实现优胜劣汰

当局者迷，旁观者清。在繁忙的企业日常运营中，企业管理者往往无法从具体事务中脱身，缺乏全局观念，考虑问题都是从自身位置出发，容易就事论事，而无法跳出问题看问题。他们并没有意识到，最好的制度早就隐藏在他们的工作中，创造竞争，就是创造财富。因此，站在企业整体发展的角度看问题就会发现，需要解决的问题并不复杂。就像人体自身的免疫细胞一样，竞争机制的导入必将实现更高层次上的平等。

4. 有责任一同分担

作为管理者，对平等的理解理应比别人更深刻一些。

当员工之间发生利益冲突时，问题常常很难得到解决。要打破这种僵局，就要坚持制度面前人人平等的原则，只有如此，才能解决不同层级间的冲突。在解决内部矛盾时，所应奉行的原则只有一条：平等地对待各方，仔细地权衡各方的利益，并与当事各方一起寻找一个大家都能接受的解决方案。当责任随同分工分给了企业中的每个人时，每个人都要开始他的责任之旅。有责任一起分担，不光是员工之间，更是中层主管甚至高层

主管都应该认识到的问题。谁出了问题就找谁，管理者自己也一样。

这样一种认识值得关注：企业执行力差的原因，很大程度上在于员工不能正确执行企业的制度，一方面是因为员工缺乏正确的意识，另一方面则是员工缺乏足够的专业技能。因此，管理者总是希望让员工接受大量的培训，通过培训来改变认识、提高专业技能，从而强化执行力。其实，这是一个误区，他们将注意的焦点过于集中在员工身上，采用的也是"治标不治本"的手段。这样问题的出现，与管理者自身的态度也有密切的关系。因此，谁出了问题就找谁，这是人人平等原则的精要。

对企业来说，一套完备的规章制度是必不可少的。但制度建立后的执行还需要我们付出更大的努力，更多地坚持去维护、去完善。"制度面前人人平等"的原则谁都懂，但很少有人能够真正将其落实到自己的行为当中。执行一次两次不难，难的是长期坚持执行。"把简单的事坚持做好就是不简单，把平凡的事坚持做好就是不平凡。"因为我们所有的人都有一个成功的梦想。

制度是一种要求大家共同遵守的办事规程或行动准则。对于企业来讲，制度其实就是告诉员工正确做事的方法。因此，制度的第一属性就是全体成员的"共同遵守"。只有有了共同遵守，制度才在现实上有了意义。制度的落实离不开团队成员的协同合作和共同努力。

曾经有个工厂经营不下去了，被一家外企收购。此时工厂的员工们既有一种求生的渴望，又有一种对前途的担心：一方面员工害怕企业裁员，自己要面对下岗的困境；另一方面，员工希望新的老板能使企业起死回生，让大家能够获得工作和生活的稳定。新上任的老板并没有进行什么新的改革，只是找出原厂制定的规章制度，让所有员工学习并且切实落实。几个月过去了，工厂开始扭亏，一年过后开始赢利。

这一案例告诉我们，没有大家的协同合作，制度只是一纸空文，无法得到很好的落实；只有大家一起努力，一起遵守，制度才有意义，团队和企业才能获得发展。

曾挽救过世界著名企业IBM的经理人郭士纳在谈管理经验时曾讲过一句话，"员工只做你要检查的事情，而不是你期望的"。这句话告诉我们团队领导要带头落实制度。

维护制度的权威性必须从我做起。德国作家歌德曾经说过："在限制中才能显出能手，只有法律才能给我们自由。"在作为企业之法的各项规章制度面前，每一名管理者必须审视自己手中的权力，每一名员工必须比照自己的言行，每一名操作者必须检讨自己的每一次操作流程。

制度贵在落实，而落实则离不开团队成员的精诚合作。

让企业保持一种"惯性"

惯性指的是企业具有保持自身发展范式稳定的内在要求，是企业自身所具有的一种性质，表明企业对变革具有一定的抵制作用，变革的发生有惰性特征。由于它的存在，企业的发展遵循这样一种规律，即在感受不到压力、威胁、危机或挫折等"外部力量"时，保持原有的发展路径与运行模式不变。

戴尔从小就思考：为什么不尽可能省掉一些看起来天经地义的中间环节，直接一步到位呢？这并不是痴人说梦，凭借着这个念头加上自身的奋斗，戴尔在年仅18岁时就创造了神话般的电脑直销奇迹，并创立了一种划时代的经营模式！

在我们身边，有很多管理环节，它们只是由于惯性作祟才持续存在，并非不可缺少。如果细细推敲，省掉一些环节，机关、企业照旧运转得有条不紊。

一位年轻有为的炮兵军官上任伊始，到下属部队视察操练情况。他在几个部队发现了相同的情况：在操练中，总有一名士兵自始至终站在大炮的炮管下面，纹丝不动。军官不解，究其原因，回答："操练条例就是这样要求的。"军官回去后反复查阅军事文献，终于发现，长期以来，炮兵的操练条例仍因循非机械化时代的规则。站在炮管下士兵的任务是负责拉住马的缰绳（在那个时代，大炮是由马车运载到前线的），便于在大炮发射后调整由于后坐力产生的距离偏差，减少再次瞄准所需要的时间。现在大炮的自动化和机械化程度很高，已经不再需要这样一个角色了，但操练条例没有及时地调整，因此出现了"不拉马的士兵"。军官的发现使他本人获得了国防部的嘉奖。

当一个组织所处的外部环境发生较大变化时，就会导致工作流程和方法随之而变，岗位设置与工作思路就应该跟上，否则"不拉马的士兵"就会层出不穷，从而使组织走向瘫痪。

　　合格的管理者必须能将所管员工的本职工作、责任及考核范围界定清楚。"能者多劳"的本质就是懒人对能人的剥削。

制度的目的是让人遵守

《韩非子》中讲过这样一个故事：

在赵国，有个叫董阏于的人新到一地为官。当官的走马上任，都是先对管辖区域来作个视察。

有一天，他走在石邑山中发现一个数百米深的山涧，站立其边，它的陡峭程度令人头昏腿软，不敢朝下望。于是他问当地乡民："可曾有人下去过？"乡民答："没有。"又问："莽夫、傻子、疯子可有人下去过？"乡民答："没有。"又问："牛、马、猪、狗可下去过？"乡民答："没有。"

这位新官顿悟一理：依法治理，就是要让法谁见谁怕。则法可行矣！

"制度法规要让人怕，政策讲话要让人爱"，这两句话是管理上的要律，道理很简单，制度法规是让人遵守的，而政策讲话是要引导和指导方向让人相信的。

这是发生在第二次世界大战中期的一个真实故事。在战争中扮演了重要角色的美国空军，为了降落伞的安全性问题与降落伞制造商发生了一起纠纷。当时降落伞的安全性能不够，合格率较低。厂商采取了种种措施，使合格率提升到99.9%，但军方要求产品的合格率必须达到100%。厂商认为这是天方夜谭，他们一再强调，任何产品也不可能达到100%合格，除非奇迹出现。99.9%的合格率已经相当优秀了，没有必要再改进。

99.9%的合格率乍看很不错，但对于军方来说，这就意味着每一千个伞兵中，会有一个人的降落伞不合格，他就可能因此在跳伞中送命。后来军方改变了检查产品质量的方法，决定从厂商上周交货的降落伞中随机挑出一个，让厂商负责人装备上身后，亲自从飞机上跳下。这个方法实施后，奇迹出现了：不合格率立刻变成了零。

原本认为不可能的事，制度一改，奇迹就发生了。关心自己的利益是人的本性，怎样让制度顺应这种本性，以此激发人的工作热情，是制度设计者需要深思的问题。

第5章

制度不能冷冰冰，要充满人情味

管理学家讲管理是一门科学，也是一门艺术。企业有责任增加员工的满意度，使员工有机会参与管理，建立和谐的人际关系。不过，要真正达到提高管理效率的目的，还需要坚持"规范与准则胜于一切"的原则，要做到严而有序，严而有据。

"以人为本"进行人性化管理

以前，企业都是实行科学管理的，它源自泰勒创建的科学管理理论，科学管理理论在西方一直占据着重要地位。后来发展成为当代一个重要的管理理论流派。主要的观点为，在管理过程中采用科学方法和数量方法解决问题的主张，侧重分析和说明管理中的科学、理性的成分和可数量化的侧面。主要特征为：

（1）在劳动分工的基础上，规定每个岗位的权力和责任，把这些权力和责任作为明确的规范而制度化。

（2）按照不同职位的权力大小，确定其在组织中的地位，形成有序的等级系统，以制度的形式巩固下来。

（3）明确规定职位特性以及该职位对人应有能力的要求。

（4）管理人员根据法律赋予的权力处于拥有权力的地位，原则上所有的人都服从制度规定，不是服从于某个人。

（5）管理人员在实施管理时，每个管理人员只负责特定的工作，拥有执行自己职能所必要的权力；权力要受到严格的限制，服从有关章程和制度的规定。

（6）管理者的职务是他的职业，他有固定报酬，有按才干晋升的机会，应忠于职守而不是忠于某个人。

但是，科学管理有很多的局限性，比如，它主要是通过制度规范来统一管理职工的思想和行为，在实际管理工作中"见物不见人"的现象比较突出。甚至将人当成工具来对待，认为人是追求经济利益的"经济人"，忽视情感等更高层次的需求。在实际当中，由于缺乏人性化管理所导致的管理失败的教训有很多。如像三株集团的垮掉、郑州亚细亚集团的破产、秦池酒厂的美梦破灭都证明了"家长制""一言堂"的集权化管理的失败。从管理实践运作的方式看，科学管理要求通过科学、理性、量

化的手段和方法，建立工作标准与操作规范，为企业管理提供一个严格的制度环境。当企业管理处在低水平阶段时，这种管理模式对训练员工的职业观念和技能，养成科学意识和品格，从而改进企业管理是相当有效的。

而人本管理的运作则要求以人的主体意识空前觉醒为前提，以奉行组织内一切人的人格平等为基础，以组织内全体成员的优秀技能和敬业精神为依托，通过民主管理与参与，最终达到自我管理。很明显，人性化管理致力于管理环境的优化；致力于员工思想的沟通与潜能的挖掘；致力于管理体系的设计与实施；致力于企业文化的塑造；同时致力于员工需求的满足。人性化管理既是对科学管理的必然依托，又是对科学管理的自然超越。在企业管理处于较高水平时，这是一种更为有效的管理模式。

在我国企业管理的实践中，有人认为，科学管理更实用；有人认为，人性化管理更胜一筹。事实上，两者是两种特殊而又有效的管理模式，它们在不同的社会历史条件下产生，并且在企业管理的不同阶段分别居于主导地位，两者适时、适度的融合，才是我国企业的明智选择。人性化管理的核心理念当然是以人为本。

这是对以机器为本、以技术为本的科学管理理念的一大提升。它要求管理者和员工共同进行心理与行为的彻底革命，使得企业管理从管理理念、管理制度、管理技术、管理态度甚至管理效益有一个全面的转变。这种转变将体现出人主宰自然、人是万物之灵的客观规律。

很明显，人性化管理不是对科学管理的全盘否定，而是一种理性的继承、一次科学的修正。它汲取了科学管理中的科学思想，肯定了制度在企业管理中的重大作用，同时将科学管理中颠倒的"人"与"物"再颠倒过来，让"人"始终处于原本的主导地位。这不是简单地顺应潮流，而是坦率地尊重事实。这种实事求是的"人本意识"加"科学精神"，是人性化管理理论对人类的卓越贡献，也是它受到普遍崇拜的根本原因。

人性化管理与科学管理的理论内涵与运作模式告诉我们，人性化管理，是在科学管理基础上发展起来的一种新的管理模式，它的理念因为反映了人力资源是第一资源的社会现实，所以更具有先进性；但它的运作条件比之科学管理也更为严格。尽管人性化管理是所有企业管理都必须遵循的一种时代潮流，但不同企业在实施过程中，还应理论联系实际，根据本企业的具体情况，选择一种主导管理模式。

严管且善待员工

严管善待，是建设良好的企业团队、促进企业长足发展的根本。何为严管善待，如何正确处理严管与善待之间相辅相成的关系，真正做到严管与善待的统一，这是每一位管理者在新形势下应该认真思考并加以解决的问题。

1. 严格管理是善待员工的最佳选择

一方面企业的领导一定要具有严格管理的意识，另一方面员工同样需要具有接受严格管理、认真遵守制度的意识。"严是爱，松是害"。特别是在生产企业中，放松管理往往导致人身伤亡事故的发生，而事故带来的损失会直接导致企业效益下降，生产效益降低，从而导致企业发展停滞甚至倒闭，并且会严重影响员工的就业和收入。另外，人是有惰性的，如果放松管理，惰性放大，生产效益降低，最终导致企业发展停滞甚至倒闭，最终受损失的还是员工个人。因此员工应理解管理者虽有情，制度却无情的道理。

善待员工，要从思想上认识到推行严格管理势必要纠正过去一些自认为不会出问题的不正确的做法，避免出现员工误以为是领导跟自己过不去。

同时，管理者往往制定了这样的制度——发现问题以罚代管、管理手段单一、缺乏有效的沟通，这种制度在落实中往往无法得到员工的理解、认可，容易形成对立情绪，这对企业的发展是相当不利的。因为严格管理的出发点是约束员工的行为，避免事故或意外事件的发生，保证企业正常的生产秩序和员工的生命安全。因此，严格管理是更高层次的善待员工。

善待员工，是要求管理者在工作中更多地从人性角度出发，在制定、落实制度时要做到无情的制度、有情的操作。

（1）严格管理要从人性化的角度出发。善待员工是为了凝聚员工的向心力，不断为企业的发展将人力资源调整到最佳状态而采取的措施。所以我们在推行严格管理时要遵循以人为本的宗旨，把管理者和被管理者的行为纳入理性、规范的轨道，形成长效管理机制，这样才能获得双赢的结果。

严格管理就是制度管理。制度不实用，不健全，管理就严不起来。为此，在制定制度时，管理者必须坚持三条基本原则：

①从实际出发，切实可行，推行简约化管理；

②以人为本，充分尊重员工、依靠员工，集中大家的智慧；

③便于执行，制度要有操作性，既不能简单，又不能过于繁琐。

（2）特殊问题特殊处理。对于企业中个性较强、不服从管理的员工，管理者在以下几个方面要特别注意：

①管理者不可摆架子。个性强说明他们有独立的思维能力，因此往往有更好的主意。管理者应该放下自己的架子，与员工平等相处。

②吸纳员工的建议。特别的建议往往和抱怨混淆在一起。管理者必须静下心来，仔细分析这些带"刺"的看法。把员工当成自己志同道合的合作者，会更有利于工作的开展。

③讨论和命令并重。当大家在一起讨论而达不成一致时，就需要进行决策，并采用命令方式强制执行。

④敢于批评。管理者只要批评得有理有据，把员工说服，员工往往不但不会生气，还会佩服你的管理才能。

⑤制度的公正性比合理性更重要。业绩考评很难让每个人都满意。所以，制度的公正性比合理性更重要，即便某个制度不尽合理，但只要对每位员工一视同仁，往往不会产生大的矛盾。

通用电气前总裁杰克·韦尔奇主张：管理越少越好，领导人应该给员工更多自由发挥的空间。杰克·韦尔奇希望有更多的决策是由基层作出的。韦尔奇并不是建议他的经理们每天一到中午就去打高尔夫，但他的确不想看到经理们在所有做决定的时刻去干预员工。相反，他希望他们能够把精力集中到如何为员工设计未来上，并且保证这样的未来永远都可以看得到，而且最终会实现。这听起来有违常理，不是吗？经理的作用不就是去管理员工吗？如果他们管得少了，会不会为企业带来损失，谁来监督员

工尽力工作，谁来监控库存标准，谁来关心产品的质量。

韦尔奇的回答很明确：别紧张，别挡道，给员工们足够的空间，别在他们背后张望，让他们摆脱官僚主义的枷锁吧！

这样可以使管理者的注意力集中在重大事情上。对韦尔奇而言，"管得少"意味着经理们有更多的时间去考虑更重要的东西，并且变得更有创造力。他们得以有机会去思考自己领域之外的事物，并考虑如何有助于发展通用电气的其他业务。

随着"管得越少越好"的策略的推行，韦尔奇发现经理们越来越善于互相帮助。如果他们把大量的时间花在为下属检查工作，或者其他的琐事上，他们就不大可能有时间去抓住大事。

当然，这种领导方式的前提是团队已经发展得相当成熟。在团队组建初期，或者团队成员能力不高时，采用一些命令式的领导方式会有助于团队尽快成长，由团队的领导告诉团队成员怎么做，并由团队领导来监督。当团队成员的能力有一定的提高，具有一定的交流能力时，可以采用教练式的领导方式。在这种方式下，团队成员有一定程度的自主性，但其积极性仍旧无法提高。而协助式的领导方式对团队成员的能力要求有一定的高度，也只有团队成员具备这种能力，其协助才有可能。在这种方式下，责任基本下放到团队，由团队成员承担责任。

2. 善待员工便是善待企业未来

当我们研究许多基业长青的优秀企业时，我们会发现：这些企业会从许多方面节约出不必要的开支，而绝对不会"抠"自己的员工。无论是诺基亚的"以人为本"、摩托罗拉的"对人永远的尊重"、可口可乐的"员工是企业最宝贵的财产"，还是惠普企业闻名业界的"惠普之道"，我们都可以发现这些企业是真正将员工当作一起成长的伙伴，并将员工视为企业不可或缺的资产。这些企业会通过各种各样的方式来满足员工的需求，提高员工的满意度。

宜家公司的创始人企业英瓦尔·坎普拉德在外人看起来是一个很"抠门儿"的人。作为刚刚超越比尔·盖茨的世界首富，坎普拉德与家人住在瑞士的乡下，每天开着一辆老式汽车到集市买菜，平时所用所花的金钱非常少。正是这样的人，却曾经发动了"宜家感谢你们"的大型活动，将某一天宜家企业的所有收入作为奖励分发给宜家在全球的员工，感谢他们对宜家所作的贡献。

另一家以"节省"出名的企业是美国西南航空公司。众所周知，西南航空公司是一家以低廉价格经营短途航线的航空公司。为了能够让票价具有竞争性，西南航空公司采取了一系列的措施来降低运营成本——砍掉一些没有竞争力的航线、简化飞机的餐饮内容、采用电脑联网方式售票等。这些"抠"法取得了很显著的成果，使企业成本大幅下降。而对待员工，西南航空公司却以最大方的方式相对待——在"9·11"恐怖袭击之后，在航空业一片萧条的情况下，西南航空公司坚持不裁员，与员工一起携手渡过最艰难的时刻，并赢得员工的充分信任。在美国航空企业中，西南航空公司的员工满意度是最高的，顾客的投诉率是最低的，而企业的赢利率则是最高的。由此我们可以清楚地看出这三者之间的关系。

当企业发展到一定阶段，促进企业与员工的和谐也就成为一门必修课。能否善待员工，已经成为企业做大做强的一个重要指标。

企业管理者获利多，员工挣钱少，员工心里很明白。老板在员工待遇上不厚道，必然引起员工心中的不满，难免有不关心企业甚至出工不出力的现象出现，严重一些，还可能引起劳资纠纷、企业停产，企业的对内凝聚力和对外竞争力就会成为空话。企业应该遵守《劳动法》，保证双方权利与义务对等；必须依法按时足额支付员工工资，工资标准不得低于或变相低于当地政府规定的最低工资标准，逐步建立员工工资正常增长机制；必须尊重和保障员工依照国家规定享有的休息休假权利，不得强制或变相强制员工超时工作。

除了促使员工多赚钱，对他们的生活给予保障外，善待员工还有两个层次：一是给他们接受再教育的权利，比如说把优秀的员工送到国外去培训；二是要给员工一种企业归属感。

善待员工，就是要在企业管理中，坚持人性化管理、个性化服务，严管与善待相统一，管理与服务相融合，持之以恒地落实好为员工服务的一系列措施，坚持不懈地把善待员工的工作做深、做细、做实。

善待员工，就是了解员工，倾听员工的呼声，做到与员工心连心。利用到基层检查工作、现场办公、举办员工培训班等各种机会，与员工进行

广泛接触交流，开诚布公地解答问题，广泛征求员工的意见，组织员工积极参与合理化建议活动。通过有效地沟通，让员工把心里话说出来，把好的意见和建议提出来，有针对性地做好工作，改进服务工作，理顺员工的情绪，以此减少员工的怨气，提高员工满意度和忠诚度。

　　善待员工，就是要尊重员工，既包括尊重人格，尊重优点，尊重首创精神，还包括与人为善，宽恕缺点，给人以机会。对企业内发生的问题和员工的过失，如果处理有失偏颇，就会挫伤员工的积极性，甚至会导致离心倾向。人非圣贤，孰能无过？员工在工作中出现失误在所难免，处理这种失误的关键是要坚持实事求是，把情况调查清楚，分清是非责任，既不包庇员工，又不伤害员工，只要不是玩忽职守，都以友善的态度，做好教育帮助工作，鼓励他们振作精神，从失败中吸取教训，不再重蹈覆辙。

管理的目的是激励员工

企业管理的目的是什么？即通过有效的激励手段让员工完成各项任务，使组织目标得以实现。管理制度是以条文约定的形式对员工进行激励的过程。管理制度应该体现对员工的激励与引导，对自我的行为进行约束。

但是大部分公司制定管理制度时只体现了对员工的约束，而忽略了对员工的激励与引导。这些企业管理者信奉"人性本恶"的假设，认为人工作的目的是为了获取报酬，工作过程中靠监督、约束、要求才能完成自己的工作。这种假设片面地强调了制度的监督与约束作用，却忽略了人性需求的复杂性、多样性，抑制了人性中积极的因素。

甲骨文公司为员工创造了宽松的工作环境，企业为每个员工配备了高性能的办公设备。对于办公用品的管理更是非常"慷慨"，在每个办公室的角落里有一个柜子，里面放满了员工日常所需的办公用品，员工可以根据自己的需要自由索取，而无需登记。

同样从事软件开发的一家国内企业却采取了相反的态度。虽然这家企业的宣传册中将"以人为本"的人才策略浓墨重彩地渲染了一番，但老板对行政部门每月"高昂的"办公用品采购开支大为恼火。行政部门为了缩减办公用品开支绞尽了脑汁。任何员工领取办公用品都要填写领用单据，并经过主管签字，然后才能到行政部门领取。每个部门每月产生的办公用品开支要核算到部门运营成本中。

甲骨文公司认为，企业为员工创造宽松、方便的办公环境是企业的责任，只有在宽松和谐的环境中工作，员工才能够创造更大的价值。另外，制度也能体现企业独特的企业文化。国内这家企业的做法也无可厚非，合理地控制运营成本（包括办公用品采购成本）能够提升企业的效益。但不同的制度带给员工的心理感受是不同的，这种心理感受极大地影响着员工

对企业价值理念的认同，影响员工的行为与态度。

从事同一领域的两家企业，面对相同的市场环境，对管理、制度采取的不同态度，在经营业绩上体现了巨大的差距。这给我们留下了深深的思考。

在很多企业的《企业文化手册》中"以人为本"赫然入目，究竟什么是"以人为本"？"以人为本"的企业管理应该体现在以下五个要素中：

（1）认识不同的人性特点。对利益的追求是人的本能，对群体的追求是人的本性，对成就的追求是人的本源，这是客观存在的自然规律。管理者从根本上认识不同的人性特点，有助于管理者对这些人性需求进行利用，对员工的行为进行引导。比如，经常组织团体活动有助于增强员工的归属感。对具有特殊贡献的员工进行奖励能够提升士气等。

（2）具有海纳百川的包容性。每个人都有自己的个性特点，人的个性本无好坏之分。无非是领导者是否把合适的人放到合适的岗位上。如果让开拓性人才去从事重复性工作，这是领导者的错误，不要拿自己的错误去惩罚无过错的员工。另外，实践证明，越是有超常能力的员工，其个性特点越突出。管理者是否具有海纳百川的包容性，是尊重员工个性、建立开放的企业价值理念的具体表现。

（3）创建个人发展机制。以人为本的企业强调员工与组织的同步发展。企业的发展建立在员工进步的基础上，员工的进步得益于企业的良性发展，两者的利益与方向应该是高度统一的。以人为本的企业注重员工的培训与职业开发，将员工与企业的近期、长期问题系统考虑，将个人的发展与组织目标的发展有机结合，创造出和谐的、动态的个人发展机制。这种机制以完善的培训体制、岗位轮换、接班人计划等具体制度来体现。

（4）认可员工的价值。很多管理者采取的是奖励成功者、处罚失败者的处理策略，这对于未来的发展缺乏直接的帮助。中国的企业管理者更应该学会"认可"，即认可员工的价值。企业经营的过程是学习与总结的过程。无论员工是取得成功的经验还是失败的教训，都应该及时进行反思与总结。需要反思与总结的是"我们成功在哪里"、"哪些原因导致了失败，如何弥补或规避失败"，使经验和教训成为未来工作的灯塔和指南针。无论是经验还是教训，都是企业经营中的财富，所以企业要认可员工的价值。

（5）满足员工个性化需求。不同年龄、不同背景、不同层级的员工需求截然不同。同一个人在特定阶段多种需求共存，但各种需求存在强度的差异。以人为本的企业注重对员工个性化需求的分析与满足。倡导以人为本的管理，最重要的工作就是发现员工不同阶段的需求，并将这种需求利用于管理策略、制度之中；对员工的需求进行引导，满足员工个性化的需求就是引导员工为实现组织努力的过程。企业战略目标实现了，员工个人需求也能够得到满足。这是现代雇员关系管理所强调的最高境界。

企业要实行人性化管理模式

体现理性精神和文化精神，是人性化制度模式的主要指导思想。制度化管理是以理性分析研究制定的管理规章和制度，同时，制度的模式也是企业文化的写照。

玫琳凯·艾施是美国一位著名的运用"人性化"制度模式取得成功的女企业家。她原在一家企业干了25年的直销工作，1963年退休后不甘寂寞开了一家玫琳凯化妆品公司，开业时只有9名成员，工作面积只有160平方米。由于痛恨过去曾在企业所受到的不公平待遇，她当上经理后，全部反其道而行之：力求公正、平等待人，不仅从下属的角度来考虑问题，也要求雇员从顾客的角度考虑问题。为了在管理制度上真正体现这种人人平等的思想，玫琳凯·艾施对每一个新雇来的员工说，做好第一件事就会发给他们一块刻有该企业"金科玉律"铭文的大理石，上面写着"你愿意别人怎样对待你，你也要怎样对待别人"。在她的管理制度模式里，充分体现了人的自主性和能动性，每个人都可以有发展的机会，而不用去费力地爬传统企业的金字塔，甚至每一个员工就像独立的零售商一样直接和顾客交易，自己订目标、销售计划和报酬。她的管理方式是坦诚的关心、信任，并深信每个人都有机会获得成功。因此，经过20年的努力，玫琳凯化妆品企业已拥有20万名员工，年销售额3亿多美元。

由此我们知道，一个企业形成卓越企业文化的时期，人性化制度模式也相应产生。因为，当人的价值实现与企业价值实现融为一体时，当人的习俗、行为准则、规范与企业目标一致时，制度就不再是以约束人为主要特征，而是成为部门与部门之间、人与人之间在工作中的一种联系、协调、沟通的工具。制度成为人们工作的需要，是一种处事规则，其主要特征从对人转向对事，制度的好坏反映在制度能否适合事务的发展规律。当企业中人的行为、人的意识已进入到高层次阶段，制度对人的约束部分已从有形的人性假设基本点转向无形的、潜意识的基本假设。此时制度体现的是高理性精神和高文化精神，这种精神支持着人性化制度模式，而人性化制度模式所具备的符合事物发展的制度体系，又是企业经营管理的有力支持，企业目标的实现就有了牢固的基础。

文化知识、行为选择、处世哲学最能反映人的基本价值观，企业中的员工对自身价值实现的需求只有引导到与企业价值实现融为一体时，才能实现双赢，这时将产生观念的一个转变，即从"老板要我这样做"转为"我自己要求这样做"。企业领导者如果能把员工在这方面的要求调动起来，朝着一个方向努力，员工就会把在本企业工作当成实现自己人生目标的不间断的进程，而不仅仅是一种谋生的手段。

企业价值目标因此会上升到一个更高的层次，达到一个新的境界，企业的扩张也因此有了长远的、永不衰竭的动力。

让人性化和制度化相统一

制度化和人性化是辩证的对立统一，如果只注重制度化管理而忽视人性化管理，那么，制度在管理过程中将得不到很好的落实，反之，人性化管理将得不到很好的体现；但关键的是如何维系人性化管理，人性化管理一定是在制度的前提下才可以谈，人性化管理绝不是不要制度。人性化没有制度化的约束也就无从存在，所以，所谓的人生化管理，必须依托于一定的实体、手段和方法，必须在制度的前提下谈论。

人性化管理应该是这样的管理，在流程上，首先用人性化的思维来制定管理制度，而在严格执行单位制度时，可以有一些人性化的手段。人性化管理首先是制度的人性化，管理者在制定制度的时候一定要考虑到制度是否能够有效地执行，如果制度完全没有人性，肯定是没有办法执行的，如教育从严，处罚从轻，处罚不是目的，只是一种手段。

制度的人性化首先体现在要公平公正，让员工能够心悦诚服地自觉执行，为什么呢？自觉执行对所有的人都有利，而破坏了规则，会导致不公平，对自己也没有好处。人性化管理这个概念也只能在制度制定之前使用，一旦制度制定了，那就得按制度来办，制度是铁打的，法不容情。但在制度化的管理中，可以有一些人性化的手段，这叫做人性化的管理，制度一旦制定就必须执行，否则会纪律涣散。严格地执行制度与人性化管理并不冲突。在企业管理工作中，我们要切忌制度化官僚，人性化切忌人情，才能保证企业向着健康的方向发展。

第6章

制度要能从墙上"走"下来

制度的制定原本是为了规范工作人员的行为，让各种规章制度"上"墙，是为了使工作人员熟知制度的内容，更好地执行制度。应该说制度"上"墙的目的是好的，但是问题在于有些制度"上"了墙就成了摆设，以"墙化"代替"强化"。制度上墙并不能确保制度得到良好的执行，因此，制度不但要"上"墙，更要从墙上"走"下来。

让制度不再居于表面

管理理论培训大师吴甘霖说过这样一句管理箴言："执行不到位，等于没执行，执行不到位，不如不执行。"我们很赞赏这种观点。在这20个字里，执行是题眼，到位是目的，同时字外之意也延伸并涵盖了思想认识是关键，执行力度是灵魂的重要性。试想一下，如果只是让制度在墙上高高挂起，而不力求提高执行力的手段，在制度执行中不注重落实到位，最后执行效果充其量也只是纸上谈兵，实有虚无。

制度对于执行来说就像植物跟阳光的关系，植物的新陈代谢和光合作用离不开阳光，企业的发展和运营同样需要制定各方面的规章制度来做保障。提及制度，就不得不谈到执行力的问题，这也是企业家和管理者最关心的问题，但是如何把握执行力的根本，在制度执行落实过程中抓出最好的执行效果和效益，却是很多优秀管理者纷纷讨论但抓不住关键的地方。在这里，古人似乎为我们提供了一个切入点。

古语有云："工欲善其事，必先利其器。"这句话所蕴含的寓意是：要想让事情或事物达到满意的效果，必须事先计划出确保达到效果的措施。在制度的执行上，很多单位都突出强调企业与员工的和谐和人性化管理，制度的执行依赖员工的自觉性。但是制度的执行和责任到位，光靠自觉是不行的，必须用制度来规范。这需要制度执行落实到位，落实到实处。

很多时候，企业费了很大的精力制定和完善了规章制度，却往往忽视了执行过程中存在的一些问题，现实情况往往是单位的制度只是象征性地"贴"在了墙上，却忽视了它应该发挥的作用，员工看了视而不见，制度并没有真正落实到执行中去，制度成为了一种名副其实的摆设，最终导致制度执行力习惯性流产。如何让制度从墙上走下来，确保在执行过程中落实执行到位，应抓好以下几个方面的工作：

第一，制度必须从墙上"走"下来，不能形同虚设，切实在工作的每一个环节、工序、细节上发挥作用。制度执行所能达到的某种效果、深度和广度，从某种意义上来说与领导者的重视程度、执行力度是密不可分的。因为部门领导是推动制度执行的贯彻者、执行者和监督者，只有他们从思想意识上认识和重视制度，并身体力行地垂范执行，才能够有说服力地带动职工，推动制度的纵深化贯彻执行，充分发挥制度在工作中的指导、规范和制约作用。同时，制度也是衡量工作的一把标尺，工作的程序、标准要靠制度来规范和指导。

日本丰田企业推行严细全员质量管理的制度，它所倡导和突出关心的重点和中心就是带4度执行力。它要求员工要不打折扣地执行企业制定的所有质量制度，即便是某一制度存在质量欠缺、标准差别或其他方面的问题，在未确定修改前也必须毫无条件地执行。无条件百分百地执行使得丰田企业的全员质量管理制度走在了世界同行业前列。

第二，制定出制度，就必须不打折扣地贯彻执行，坚定落实到执行层面上来。麦当劳就是靠铁一般的执行制度，诠释和树立了为顾客完美服务的口碑。麦当劳的制度非常严格，如坚持用100%的纯牛肉，所有原料供应来源必须符合国际标准，并要通过40多项指标的严格检测；炸出来的薯条在保温箱中摆放的时间超过7分钟就必须扔掉……正是这些看似微不足道的服务细节，铸就了麦当劳帝国经营不衰的神话。

第三，提高制度执行力，不能局限于做了，更要注重执行结果，关键落脚点在做好，落实执行到位。在实际中，制度执行到位，不仅仅拘泥在"执行"两个字上，执行到位，就必须对执行过程和结果完全负责。没有过程的执行是纸上谈兵和自欺欺人，反过来，没有结果的执行就是白费力气。所以，做每一件工作或事情时，都要刻意培养和建立逆向结果导向思维，从结果倒推过程。只有以结果思维引导和控制行为，才能确保制度的执行。执行之前，先要设定达到什么目的和效果，并且确保执行到位需要做哪些准备和工作，这是至关重要的。

总之，管理者和执行者只要做到了上述几点，并在制度执行过程中善于、勤于动态地动脑分析，精于逻辑分析执行存在的问题，及时应对和解决问题，那么制度的执行到位就不再会是问题。

制度只有通过执行来施效

制度定好之后是不是就万事大吉了，当然不是，要执行而且还要常抓不懈。一位伟人曾经说过，抓而不紧，等于不抓；抓而不实，等于白抓。说的就是要有一种常抓不懈的落实精神。只有紧抓落实，严格按规章制度办事，该处罚的及时处罚了，制度才会有威慑力，违反制度者才会吸取教训，下不为例，逐步矫正不良习惯。只有及时处理了，才会起到杀一做百的效果，大家就会知道今后不应该再违反了，如此一来就会慢慢形成良好的习惯，从而形成良好的规则意识，直到人人自觉遵守制度。一旦形成一个良好的文化氛围，达到自治，今后的管理就会事半功倍。

制度的生命力在于执行。客观地看，现在有一些单位制度定了不少，其中也不乏好的制度，但由于不善抓落实，制度的有效实施受到了严重的影响，致使一些好的制度无法发挥应有的效用。

想要企业生机勃勃，就要注重执行，无条件地执行！

许多企业都制定了成套的管理制度、规章标准，大到厂规厂纪，小到领物规定、作息规定。制度和规章是为了用的，而不是为了走形式。有一些企业，规章制度不少，但只是一些"花瓶"，是为了给人看，为了得到上级的一句表扬，为了得到参观者的一句美言，只挂在墙上，只装订成册，却没有真正实施。规章订得再多、再全、再完善，如果不从墙上"走"下来，反而会产生副作用。

规章制度形同虚设是许多组织在管理中造成失误或失败的重要原因。

某企业财务处发生重大案情：财务室被撬，墙边的保险柜张着巨口，柜内50万元现金不翼而飞。受金融危机的冲击，企业本来就资金紧张，第二天急需的购料款一下子没有了着落。

该企业失窃的保险柜是国内最先进的保险柜之一，上面配有报警和密码装置，并且密码系统由电脑控制，还能产生电击。这样的保险柜盗窃分

子如何能得逞呢？

后来查清，问题出在使用保险柜的出纳身上。虽然企业对于财务室的保管订有一整套的规章和制度，但是这位出纳却置若罔闻。他觉得那保险柜虽好，但用起来太麻烦，便长期搁置不用。直到一个月前，他把旧保险柜钥匙丢了，才把这闲置的保险柜从角落里"请"了出来；可他又怕一不小心遭电击，便不接电源；又怕忘了密码，就按数字的大小顺序编了6位数的号码；再怕丢了钥匙，索性把钥匙扔在办公室的抽屉里。结果，窃贼作案时从他的抽屉里取出保险柜钥匙和使用说明书，随便研究了一下，便轻易地打开了保险柜。

失窃后，尽管公安部门接到报案后火速行动，并于半个月后将犯罪嫌疑人抓获。但是，该企业一时无法筹集购料所需资金，最后因不能按时交付订单的货款而坐失了商机，就这样，一个巨大的客户被附近的同行夺去了。

显然，这家企业的败局是由于没有很好地执行管理制度造成的。如果企业认真落实有关管理制度，定期对财务室进行检查，可能就不会发生这样的失窃事件了。

没有人会十分在意是否有人去强调和检查的制度，这就自然造成它的可有可无性，既然如此，谁还会花费更多精力去做呢？铲除这一隋性的最有效办法就是查核。

检查与考核是管理员工的一对孪生兄弟，只检不考，检查缺乏力度；只考不检，考核便失去行使依据。强有力的查核是推进各项制度落实的锐利武器。不检查、不督促，就难以保证有效执行。因此，跟踪检查应该成为管理者的一项日常性工作内容之一。

查核是一道强力"防火墙"，查核的过程既是落实制度的过程，也是揭露问题和修正错误的过程。对于检查中暴露出来的问题，能当场纠正的绝不留到日后去处理；如系复杂问题不能当场解决，应立即汇报有关部门抓紧处理。世界零售巨商沃尔玛有一个著名的商业原则，那就是"日落原则"，即要求沃尔玛的所有员工，当天的事情必须在当天完成，也就是要在日落以前结束当天应干的事情，做到日清日结，绝不拖延。这一原则同样适用于检查工作，如果把检查工作作为日常性工作的话，暴露出来的问题就不应拖延到第二天。蚁穴也能毁堤，世界上许多本不该发生的故事就是这样发生的。

任何制度，没有了监控与考核，都会不了了之，这是人类的惰性使然，因为懒惰是人的天性。但是事业和企业要发展，就必须克服隋性，其中非常重要的一个方法就是加强监控，同时配以公正的考核，并且运用好奖惩机制进行导向。无论是谁违反规定，都要严格按照规定进行行政的、经济的处罚，绝不能视对象不同而不同对待，甚至是姑息迁就。否则，违背规则没有得到惩罚，违背规则的机会成本很低，潜在收益可能很大，大家就没有积极性执行规则，反而有积极性违背规则。规则一旦被破坏，哪怕一次，就失去了作用。要一视同仁、公平公正，坚持原则、常抓不懈，做到严制度、严要求，守者奖、违者罚，养成按章办事的优良作风，营造尊崇制度的良好氛围。

制定制度之后还要宣传

春秋时期，楚国令尹孙叔敖在苟陂县一带修建了一条南北水渠。这条水渠又宽又长，足以灌溉沿渠的万顷农田，可是一到天旱的时候，沿堤的农民就在渠水退去的堤岸边种植庄稼，有的甚至还把农作物种到了堤中央。等到雨水一多，渠水上涨，这些农民为了保住庄稼和渠田，便偷偷地在堤坝上挖开口子放水。这样的情况越来越严重，一条辛苦挖成的水渠被弄得遍体鳞伤，面目全非，因决口而经常发生水灾，变水利为水害了。

面对这种情形，历代苟陂县的行政官员都无可奈何。每当渠水暴涨成灾时，便调动军队去修筑堤坝，堵塞涵洞。宋代李若谷出任知县时，也碰到了决堤修堤这个头疼的问题，他便贴出告示说，"今后凡是水渠决口，不再调动军队修堤，只抽调沿渠的百姓，让他们自己把决口的堤坝修好"。布告贴出以后，再也没有人偷偷地去决堤放水了。

故事虽小，但背后的寓意却值得我们深思。在推行一项制度之前，如果领导者能把这当中的利害关系对执行者讲清楚，他们也许就不会为了自己的私利而作出损害企业利益的事情了。

在实际工作中，很多领导者只管埋头制定制度，制度下发之后就不闻不问，不学习、不贯彻、不领会，这就失去执行制度的基础。

制度制定出来，并不是发完之后就万事大吉。执行者对制度内容的理解和认同是关系到制度执行与否、执行好坏的关键。

我们知道，各种信息在传递过程中总会发生一定的衰减，如果传递过程中不进行有效的信号增强，到终端信号会衰减得很厉害，甚至失去了使用价值。而对制度的宣传教育工作就起到了一个信息增强的作用，保障制度执行者对制度内容有充分的理解。

企业的各种制度应该通过适当的、正式的和顺畅的信息渠道发布。在发布制度时，制度制定者应提出这样的问题：我们所说的，他们能够听得见吗？能够听得全面吗？能够"原汁原味"地理解，并将其记住吗？对于架构复杂、层级众多的大企业集团，信息链条长，信息传播的失真度高，尤其应该注重制度的传播管理工作。

应该充分利用多种信息传播工具，特别注意信息渠道的可选择性，以避免过多无关信息而使接受对象产生选择疲劳。使用计算机网络建立制度公布和管理的信息台，并建立制度学习的责任矩阵关系，是比较可行的方式之一。建立信息读取的责任机制，如接收签名、阅读登记等，也有利于信息的有效传达。

更重要的一点是，制度不但要传达到位，而且要促使管理对象理解到位，这就需要建立和完善企业制度培训职能。要给员工创造合适的学习环境，使他们更多地接触到制度化管理的内容。只有向制度执行者提供及时的学习机会和咨询支持，才能促使其全面理解制度要求，扫清认知障碍，从而使各种规章潜移默化地进入他们的主观意识。

另外，还应建立定期的制度"应知应会"考核，强化制度执行者对制度内容的记忆，有助于其在日后工作中具体执行，也是一件常抓不懈的工作。

总之，对制度的宣传与教育过程既是学习的过程，又是领会与理解的过程。制度宣传与教育的效果直接影响制度的执行效果。我们对规章制度的宣传教育工作要形成制度化、长期化和专业化，宣传贯彻到制度所涉及的各个部门和员工，并且让这样的学习和教育成为一种常态。通过宣传教育工作，使员工充分认识企业制度化管理的重要性，强化全体员工的制度观念和制度管理意识，改善企业推行制度化管理的环境，使广大干部员工从被动执行到主动自觉执行，达到从内心深处树立起规则的权威的目的，使企业逐步走向制度化管理。

不能让制度成为一潭死水

在现代企业管理中，很多管理者都希望企业的制度能从墙上"走"下来，走进员工们的心里，落实到实际的工作中，从而因为选择和执行正确的路径而形成好的路径依赖。然而在现实工作中，结果往往不是那样好。员工们阳奉阴违，能少做而不多做，尽可能地不承担责任，钻制度的空子等行为让管理者们很苦恼。

四川有一家著名的制药企业，曾经花了几十万元请专家、教授制定了一本非常详细的《企业文化制度大全》。该制度引经据典，洋洋洒洒几十万字。其中一位教授对自己的作品非常满意，在大学课堂上作为案例讲解，听课的企业家们都很羡慕，教授讲到得意之处，请这个企业的一位高管将他提炼的概括企业文化的经典复述一下，在大家期待的目光中，这句不足10个字的经典之作却没有被这位高管说完整，教授也很尴尬；课后，这位高管向同学们解释，企业中并没有组织大家进行培训学习，更谈不到落实了。

一位教授在大学里为企业家讲课时举了这样一个例子：A企业，早上8点30分，员工着企业统一正装，打卡上班；该企业全体员工一周一次升国旗活动，一季一次评选合理化建议活动，一年一次集体旅游，两年一次员工体检；B企业，早上9点上班，着装随意，可将工作带回去做，不计下班时间；C企业，不计上班时间，不过要与企业先预约，企业上班时间还提供点心、水果等。A、B、C中制度管理最好的企业是哪一个？

大多数企业家都选择了A。而教授的答案是：A是中国一家曾经很著名的民营企业，但仅存活了9年；B是微软；C是谷歌。

这样的结果让企业家们很纳闷，A是制度最好的企业，为什么会很快被淘汰了？教授解释说，现在的一些民营企业，也将制度制定细致到了规范员工的具体动作，把员工当成了做事的工具，天长日久，员工形成了这一环节的路径依赖，按照工作流程做好本职工作，不求有功，但求无过，设计和创新是管理者和专家们的事。

　　"路径依赖"对制度变迁具有极强的制约作用，并且是影响企业经济增长和发展的关键因素。如果路径选择正确，制度变迁就会沿着预定的方向推进和发展，并能极大地调动员工的积极性，充分利用现有资源来从事企业效益最大化的活动，形成良性循环局面，促进企业的经济增长和健康发展。

下篇 执行制度，你必须要懂的内容

第7章

执行制度应该"令行禁止"

　　铁的纪律是团队全体成员行为保持一致的前提和基础。实际上，任何组织都一样，要使组织成员能够具有统一的行为，必须做到"师出有律"，这样才能让"许多人"有序而高效地向着目标前进，实现团队力量大于这些人的力量总和的质的飞跃。

让管理和制度相统一

一个企业的成功，绝不仅仅取决于严密的制度管理，更在于全体员工的参与意识和自主管理水平。许多著名企业适应时代要求，采用了由"制度管理"向"自主管理"的现代管理方法，逐步实现由制度约束下的"要我干"向高度自觉的"我要干"的转变。

"微软"从创立开始就非常强调纪律，处处都有清楚的规定，每天早上的上班制度就是最好的例证。每天上班时间从早上8点整开始，8点零5分以后才报到的就要在"英雄榜"上签名，背负迟到的"罪名"，即使你前天晚上加班到半夜，第二天上班时间仍是上午8点。这和20世纪70年代嬉皮盛行、个人享乐主义凌驾一切的美国有些背道而驰，可是却延续至今，始终如一。

微软总裁比尔·盖茨是推行纪律管理的最大功臣，他本人严守纪律的个性也经常博得别人的赞扬。他和别人约会，从不迟到。除了准时之外，他的耐力和意志力也令人震惊，一旦决定要做什么，他必须排除万难，全力以赴，不看到最后结果绝不罢休。盖茨严格强悍的作风使整个企业的管理纪律严明，从制造、工程、财务，甚至行销部门，每件事情都有清楚的规范，甚至连企业留言都分为不同等级，人人都以此标准执行。许多企业重视人性管理，以重视员工为口号，只有盖茨强调纪律胜于一切，这种注重企业自主管理的经验和方法，使微软的企业文化独树一帜。

制度体现的是秩序和纪律

从前面的分析可以看出，企业管理制度体现的是一种秩序、一种纪律。为什么秩序、纪律对企业那么重要呢？

秩序对东西来说，众所周知的准则是，"每件物品都有一个位置，每件物品都在它的位置上"。这条准则同样适用于人类秩序，"每一个人都有一个位置，每一个人都在他的位置上"。

有一家工厂存放钢锭的院子，那儿物资堆放得很好，甚至排列整齐，很清洁，给人一种井然有序的印象。再仔细看时，可以发现，同一堆物资包括五六种制作不同产品的钢材，所有钢材混杂在一起。无效的操作浪费时间，出现错误的危险也都由此而来，因为每一件物品都不在它的位置上。另一方面，也有这样的事情，表面看起来混乱而实际上是有秩序的。比如有一堆按主人意愿放得散乱的文件，一位好心但不懂行的仆人把文件进行整理并堆放得整整齐齐，而主人却很难再利用这些文件了。完善的秩序包括正确选择的位置，表面秩序仅仅是真正秩序的一个虚假的或不完整的表象。清洁是有秩序的必然结果，肮脏是没有被指定的位置的。一张显示划分为许多有雇员专门负责的部门的整体结构图非常有助于建立和控制秩序。

要在企业中建立起社会秩序，必须做到每一名雇员都有一个指定位置，并且每一名雇员都在他的指定位置上。完善的秩序还要求位置适合于雇员，雇员也适合于位置，正如英国的格言所说，"合适的人处于合适的位置上。"

按照这种理解，社会秩序以顺利地完成两种最困难的管理活动为先决条件，即良好的组织和良好的选择。一旦确定了企业顺利经营所不可缺少的岗位，并且选择了适合于这些岗位的人员，每一名雇员都在能发挥自己最大能力的岗位上任职。这就是完善的社会秩序"每一个人都有一个位置，每一个人都在他的位置上"。

社会秩序要求对人类需求和企业资源有确切了解，并且要求不断保持这些需求和资源之间的平衡。然而，这种平衡是极难建立和维持的，企业越大就越难。当这种平衡受到破坏并且个人利益导致忽视或牺牲整体利益时，当由于野心、裙带关系、偏袒或仅仅是无知增设了不必要的职位或把不胜任的雇员安置在职位上时，为了消除弊病，恢复秩序，就要求有比当前不稳定的部长级任命那种情况更大的才干、更大的毅力和更大的恒心。

纪律实质上是服从、执行、干劲、行为和外表尊敬，是遵照企业同其雇员之间订立的有效协议的。无论这些协议是经过自由讨论还是没有经过事先讨论而予以接受，是书面的还是默契的，是出自双方的愿望还是出自条例和惯例，纪律的形式都是由这些协议决定的。

纪律是各种不同协议的结果，自然会表现出种种不同的形式；服从、执行、干劲、行为的要求实际上从某一家企业到另一家企业、从某一伙雇员到另一伙雇员、从某一时刻到另一时刻各不相同。然而，一般舆论深信，为了顺利地进行经营管理，纪律是绝对必要的，没有纪律，就不可能有企业的繁荣。

这种看法在军事手册中表现得非常突出，书中说"纪律构成军队的主要力量"。我们毫不保留地赞成这句箴言，同时还应补充一句："纪律是领导人造就的。"前一句话鼓励人们尊重纪律，这是一件好事，但它易于使人忽视领导人的责任，这是不合需要的，因为任何群体的纪律状况都主要取决于其领导人的作为。

当明显缺乏纪律或者上下级之间的关系有待于大大改进时，对这种状况的责任不能随随便便置之不理，不用找其他原因，出现这种恶劣状态多是因为领导人的无能。

在对纪律的影响方面，除了命令之外，还应加上协议。重要的是，协议应当清楚明了，并且尽可能使双方都满意，做到这一点并不容易。

秩序的重要性和纪律的产生原因导致了企业管理制度的必要性，理解这一点，对企业经理在企业中的定章建制工作颇有意义。

让制度来"统治"企业

德国人有句名言："让规则来统治世界。"不管是谁，都不能凌驾于规则和制度之上。"服从第一"的理念如果不能渗透到每个员工的思想当中，企业是没有发展前途的，在市场竞争中一定会失败。

所有团队运作的前提条件都是服从，甚至可以说，没有服从就没有一切。所谓的创造性、主观能动性等都必须建立在服从的基础上才能成立。否则，再好的创意也推广不开，也没有价值。

一家企业的制度和战略的形成，都是无数商战和管理者的智慧、经验的结晶，但却常常因为员工的不服从而宣告失败。这样的教训实在太多了。因此，一些常青企业严格规定，一旦制度和战略形成，任何人都必须百分之百地支持和无条件地服从，甚至管理者也不得寻找任何借口。

1. 服从是员工的天职

现在的企业中普遍存在着有令不行、拒不服从或者阳奉阴违的现象。一般来说，企业高层的主要责任是决策——做正确的事；企业中层的职责是执行——正确地做事；而基层人员的主要责任就是操作——迅速地完成任务。如果企业员工缺乏服从的习惯，就会造成执行力下降、效率低下，最终被竞争者淘汰出局。

当然，执行力度不够也可能是领导能力的问题，但是根本的原因还是服从的问题。如果管理者作出了决定，执行者打了折扣，甚至寻找借口不执行决定，最终就会造成有令不行的现象。这时，如果管理者推开下属，自己动手去完成任务，就会造成企业管理的层级消失和权力下放的通道堵塞。这样必然会引发恶性事件：下属愈加不负责任、不听指令；管理者去做下属做的事情，遗忘了自己的职责，耽搁了关系企业存亡的大事。

其实，军队的服从和企业的服从本质上是一样的，只是程度有所不同。军队的服从讲的是既要服从长官的指挥，又要在某些情况下牺牲个人的利益。比如说，要求大家既能从小事着手，做好手头的每一件看似微小的事情，又能密切关注周围的局势，在大事到来时，不发生任何闪失。不要以处理好每件小事为满足，在必要的时候要学会舍弃小范围利益而顾全大局，这就是管理者素质的培养。因为，在危急存亡的时候，管理者的决策行为就会发挥迅速而巨大的作用。而领导行为就是高度地服从、诚实、专注以及自我牺牲。

企业也是这样，在通常情况下，每个人各司其职，各就其位，做好本职工作，而当企业突然遭遇一些巨大的危机时，就像一支部队突然遭到炮火袭击，这时候士兵的服从便显得尤为重要了。

2. 服从是正直的核心

美国的阿瑟·戈森说过，"正直意味着自觉自愿地服从。从某种意义上说，这是正直的核心……"服从是一种行为，是一种意识，更是一种品质。这是为什么？

第一，服从没有面子可言。面对你的上司，应该借口少一点，行动多一点。在企业中经常会遇到这种情况：在一些主管接受一项业务时，不是一次就把事情做了，而是先让交代任务的人走开。"我现在很忙，先放在这儿"，好像马上去做就会显得自己不权威、不繁忙，其实，这样做的主要原因就是好面子。有人戏言，承认自己"在家怕老婆"的人一定能当官，这一观点有其正确的一面。在优秀员工的身上，因好面子而延误工作的事绝不会发生。上司一旦安排了工作，他们就会无条件地立刻行动，因为服从面前没有面子可言。

第二，服从还应该直截了当。在企业中，需要这种直截了当、畅通无阻的传递过程。没有"顾忌"、没有"烦琐"，无需"协调"、无需"磨合"，全力而迅速地执行任务。这是一个非常重要的指标，是管理效能的一个非常重要的方面。

第三，接受当先。企业主管作出的任何一个决策都不是一拍脑门儿就决定的，他的工作是系列化的，你的某项任务就是其中的一个环节，不要因为你这一环节影响到主管工作的进程。他之所以将任务分配给你，包含了他个人的判断，而你认为"不可行"，那只是你的判断。你可以先接受他分配给你的任务，如果在执行过程中出现了问题，再去和主管沟通。你

不应该马上推辞，并列出一堆理由来说明你的困难，这是最不受领导欢迎的，切记这一点。

第四，随令而动。立即行动是一种服从的精神。企业也应该具有这种精神——随命令而行，不能有一时一刻的拖延。如果一个企业的每一个环节都即令即动，就能积极高效地在第一时间内出色地完成既定的任务，从而使企业成长为"坚不可摧"的组织。

即使领导有很多不足之处，但至少有一点你不如他的地方，就是他拥有一定的资金、人才、商品、技术和社会关系等资源。

另外，能成为领导的人，首先他的个人能力是不可否认的。如果员工感觉领导这也不对，那也不对，光相信一些肤浅的、表面的东西，看不清楚事情的本质，那就大错特错了。所以要把服从作为核心理念来看待，老板就是老板，员工就是员工，服从是第一生产力。每个人都要有意识地服从老板、服从上司。如果有不同意，可以在老板没做决策前，给出建议；一旦老板决定了，就要服从决定，虽然这个决定违背你的本意，也要"盲从"。只有"令行禁止"的企业才能全面实现制度化管理。只有严格落实每一项制度和计划，企业才能高效率，才有竞争力。

3. 服从是一种美德

服从的确是一种美德。一个企业，如果没有严格的规章制度和严明的纪律，就如同一盘散沙。如果没有服从，企业将会溃不成军，谈何竞争和生存。对于命令，首先要服从，执行后方知效果。还未执行，就发挥自己的"聪明才智"，大谈见解和不可执行的理由，那么，你走到哪里都是不受欢迎的角色。对于有瑕疵的命令，首先还是服从，在服从后再与领导交换意见，共同改进和提高，"先集中后民主"。现在越来越多的企业倾向于军事化管理，军事化管理最重要的一个特征就是"服从"，只有"服从"，才能造就一支高效率、富有战斗力和竞争力的队伍，才能使企业立于不败之地。只有企业获得了发展，个人才能够获得同步的提高，获得我们人生的成功。让我们将服从这一美德渗透到我们的思想当中，在实际行动中实践它！

服从是行动的第一步。作为企业的一分子，你是企业内部经营运行环节的一个重要部位，你必须遵照指示做事以确保企业流程正常循环运转。

服从意味着你必须暂时放弃个人的异议，约束自己去适应所属机构的价值观念。在学习服从的过程中，你就能更深地融入企业这个大家庭中，对企业的战略方针、价值观念、运作方式就会有更透彻的理解。

尽管并不是上司发出的所有指令都正确，但是，一个高效的企业必须建立在良好的服从机制上，一个优秀的员工也必须有极强的服从意识。企业是一个高度分工的组织，上司所处的地位、责任决定了他有权发号施令，上司需要依靠权威来保障大家为整体利益服务。一个团队，如果下属不能无条件地服从上司的命令，那么达成共同目标时，则可能产生障碍；反之，则能发挥出超强的执行能力，使团队胜人一筹。

曾有一位著名的足球教练，每当见到运动员，便苦口婆心地劝他们把头发剪短。据说，他的理由是：问题并不在于头发的长短，而是在于他们是否服从教练。可见，纵然不懂教练的意图，但不找借口地服从，这才是教练所期望的好选手。同样，不找借口地服从并执行，这才是企业所期望的好员工。

"恭敬不如从命"是对服从的最好注解。如果我们在服从之外还有许多理由，那么，既然连"恭敬"都不如"从命"（服从）了，那还有什么理由可以比服从来得更令人满意的呢？

企业的组织原则同样应该是，"少数服从多数，下级服从上级"，"先服从，有意见和不同看法可以先保留"。

在企业中，制度就像赶车人手中的马鞭，它为员工的行为与活动指出了方向与范围。只有服从制度，遵守制度，才能让企业这辆车朝着成功的方向飞驰。

制度只有服从才能落实

国有国法，家有家规。作为一名公民，要学法、懂法、守法。作为一名员工，就要严格执行单位的各项规章制度，如《员工行为守则》、《财务管理制度》等这些带有普遍性和基础性的规章制度，执行起来不能有丝毫的违背。

许多组织都制定有相关的各种规章制度，并指定专门人员对员工履行制度的状况进行监督，但这种监督不可能兼顾到每一个人，也不可能兼顾到每时每刻。更多的时候需要员工自律，自己约束自己，自己管理自己。作为员工，首先要明确自己的角色，掌握好工作的尺度，才能成为一个真正严守纪律的优秀员工。

没有人真正喜欢被约束、被管制，失去更多的自由。但是，这世上绝对的自由是不存在的。法国法学家孟德斯鸠有句名言："自由是做法律所允许的一切事情的权力。"我们生活的这个社会是由法律、法令、制度、规定、规章等来规范着的，每个人所能享受的自由只能是被限定在一定的范围内；否则，整个人类社会将是一片混乱、不可想象的。

任何人都要受到一定制度的约束，这种制度既是对每个人的制约，又是每个人获得公平待遇的保证。大到一个国家、军队，小到一个组织，成员是否具有良好的服从意识将决定其事业的成败。

没有员工的服从，企业任何绝佳的战略和设想都不可能被执行下去；没有员工的服从，任何一种先进的管理制度和理念都无法得到有效的贯彻落实。因此，每一位员工都必须服从上级的安排，就如同每一个军人都必须服从上司的指挥一样，如果说军人的天职是服从，同样，服从也是员工的天职。

服从是行动的第一步。服从上级，是组织中成员要学习的第一课。每一位员工都必须服从组织的整体利益，在这个大局的协调下，服从上级的具体工作安排。作为组织的一分子，你是组织内部运行环节的一个重要部位，只有严格遵照指示做事，才能确保整个组织业务流程的正常运转。

作为一名员工，首先要有服从的态度。下级服从领导，是上下级开展工作、保持正常工作关系的前提，是融洽相处的一种默契，也是领导观察和评价自己下属的一个尺度。一个团队中，如果下属不能无条件地服从上司的命令，在达成共同组织目标的过程中，就会产生一些不必要的障碍。

服从，意味着你必须暂时放弃个人的异议，约束自己去适应所属机构的价值观念。所谓服从，也就是说，上级的命令必须服从，下级没有权力判断上级指令的对错，上级的对错只能由上级的上级来裁定。员工绝不能自作聪明，认为上级的指令不正确、不合理，就不去执行（明显违法违规不在其列）。

一方面，对来自上级的决定、指令必须无条件地服从，并且要形成习惯，即使不理解的也要很认真地去执行。从另一方面讲，一个人在学习服从的过程中，对其机构的价值观念、运作方式才会有更透彻的了解。

为了做到更好地服从，我们对上司应该有一个清楚的认识。上司之所以在一定的职位上，是因为组织赋予了他一定的职权。上司是法人或是受法人之托，他的行为是一种组织行为，不尊重、不服从领导，对抗破坏的就是组织的整套管理指挥系统。

作为组织中的一员，一定要相信自己的上级，要记住"一级有一级的水平"这句话是有道理的。他既然能成为你的上级，肯定有一定的过人之处。不能因为上级的领导方式不合你的口味，就不服从领导。一个好的员工应该是一个适应领导的高手，只有适应了上级的领导方式，在执行领导的指令时才会得心应手。

在这个世界上，每一个人都必须学会服从，不管你身处什么样的机构，地位有多高，个人的权利都必然会受到一定的限制。企业界亦然，即使是企业的总裁，还需要服从于董事会、股东大会和消费者的利益。对于我们个人来讲更是如此。

企业有着最基本的上下级关系。在工作中，彼此职务不同，所站的角度也不同，处理问题的方式自然也不尽相同。即使老板的看法有失偏颇，你也应该冷静下来，找机会从客观的角度给老板一些合理的建议，而不应

一时冲动使矛盾升级，使事态扩大。你要维护上级的尊严、权威，而不应该头脑冲动，当面指责，以致酿成不可收拾的局面。

当然，我们所说的服从绝不是不动脑子的盲从，不是被动的听从，而是自动自发地服从，是主动地服从，是发自内心地相信自己能够圆满完成任务，而不是来自各方面压力的服从。

作为一个负责的员工，如果你认为企业的规章制度有什么不完善之处，或者领导的一些工作方式有些欠妥，你应该主动请示领导，向上级提出切实可行的建议，更好地促进企业的发展。但要掌握方式、方法、场合以及时机，找个适当的时机慢慢和上级沟通，委婉地阐述一下自己的看法。

提意见，并不是故意挑刺，而是为了更好地完善上级的意图。你可以以适当的方式，让上司感觉到你既有创造性地干好本职工作的能力，又有为上司分忧解难的本领；使上司既看到你的好品质，又认识到你的高才能。

与此相反，各自为政的无政府主义不但会毁掉个人的前途，也会腐蚀掉整个团队的战斗力。在一些单位里，经常会有一些纪律观念淡薄、服从意识差的人，他们是领导们最感头疼的"刺头"。这些人或是身无所长，进取心不强，对领导下达的命令满不在乎；或是自以为怀才不遇，恃才傲物，对分配的工作百般推脱。这样的员工只会令上司徒增烦恼，更不可能被委以重任。同样，没有服从精神的企业一定会失败，如果一个企业里，每个员工都不按照企业的命令行事，各做各的，那整个企业就成了一盘散沙。

在工作中，上司对工作有一个统筹的安排，大家只有协调一致，有条不紊地按照上级的指示做事，才能做到有令则行，有禁则止，政令畅通。如果你自作主张，不服领导，那必然会耽误工作，甚至影响他人的工作进度，从而引起大家的反感。作为下属，你必须首先学会服从，执行上司的决策，否则团队里是不欢迎另类的。

工作中有分歧是在所难免的，但很多时候，对上司的尊重是表现在对其工作的支持。但这种支持并不是盲目的服从，而要让上司感到你对他的指示、意图的执行，是认真对待和经过思考的。

遵守制度，爱岗敬业

全面实施制度化管理，仅仅具有服从的观念和意识是不够的，因为服从只能够保证制度是否落实，而敬业则能够让你在制度的既定范围内做得更好。

对于个人，态度决定一切；对于团队，敬业精神决定成败。敬业是一种职业的责任感，不是对某个企业或者某个个人的敬业，而是一种职业的敬业，是承担某一责任或者从事某一职业所表现出来的敬业精神。对于企业来说，敬业能带来效益，增强凝聚力，提升竞争力，降低管理成本；对于员工来说，敬业能带来安全感。因为敬业，我们不必时刻绷紧神经；因为敬业，我们对未来会更有信心。

李素丽就是一个具有敬业精神的人。她说："每一条公共汽车的线路都有终点站，但为人民服务没有终点站。我永远属于我的乘客，属于我的岗位。"

敬业是人的使命所在，是人类共同拥有和崇尚的一种精神。从世俗的角度来说，敬业就是敬重企业里的制度，尊重自己的工作，将工作当成自己的事，其具体表现为忠于职守、尽职尽责、认真负责、一丝不苟、善始善终等职业道德，同时其中还糅合了一种使命感和道德责任感。这种道德责任感在当今社会得以发扬光大，使敬业精神成为一种最基本的做人之道，也是人们成就事业的重要条件。

任何一家想在市场中竞争取胜的企业必须设法使每个员工敬业。没有敬业精神的员工无法让企业制度的落实得到保障，难以给顾客提供高质量的服务，难以生产出高质量的产品。

然而，无论我们从事什么行业，无论到什么地方，我们总是能发现许多投机取巧、逃避责任、寻找借口之人，他们不仅缺乏一种神圣的使命感，而且缺乏对敬业精神的正确理解。试想，如果一个人连敬业都做不

到，又怎么能指望他服从企业的各种制度。如果一个企业里的大部分人都不敬业，那么这个企业所建立的制度将会形同虚设，企业又何谈生存与发展？

1. 敬业，你是在为自己增添价值

敬业表面上看起来是有益于企业、有益于老板的，但最终的受益者却是自己。

当我们将敬业变成一种习惯时，就能从中学到更多的知识，积累更多的经验，就能从全身心投入工作的过程中找到快乐。这种习惯或许不会有立竿见影的效果，但可以肯定的是，当"不敬业"成为一种习惯时，其结果可想而知。工作上投机取巧也许只给你的老板带来一点点的经济损失，但是却可以毁掉你的一生。

成败往往取决于个人人格。一个勤奋敬业的人也许并不能获得上司的赏识，但至少可以获得他人的尊重。那些投机取巧之人即使利用某种手段爬到一个高位，但往往被人视为人格低下，无形中给自己的成功之路设置了障碍。不劳而获也许非常有诱惑力，但很快就会付出代价，他们会失去最宝贵的资产——名誉。诚实及敬业的名声是人生最大的财富。

有一个颇有才华的年轻人，工作散漫，缺乏敬业精神。一次报社急着要发稿，他却抱着稿件回家睡大觉去了，影响了整个报纸的出版时间。这种不敬业的人永远得不到尊重和提升。

人们往往会尊敬那些能力中等但尽职尽责的人，而不会尊敬一个能力出众但不负责任的人。受人尊重会获得更多的自尊心和自信心。不论你的工资多么低，不论你的老板多么不器重你，只要你能忠于职守，毫不吝惜地投入自己的精力和热情，渐渐地你会为自己的工作感到骄傲和自豪，就会赢得他人的尊重。以主人和胜利者的心态去对待工作，工作自然而然就能做得更好。

一个对工作不负责任的人，往往是一个缺乏自信的人，也是一个无法体会快乐真谛的人。要知道，当你将工作推给他人时，实际上也是将自己的快乐和信心转移给他人。

有人问一位成功学家："你觉得大学教育对于年轻人的将来是必要的吗？"这位成功学家的回答发人深省："单单对经商而言不是必须的。商业更需要的是敬业精神。事实上，对于许多年轻人来说，大学教育意味着在他们应当培养全力以赴的工作精神时，被父母送进了校园。进了大学就意味着开始了他一生中最惬意、最快乐的时光。当他走出校园时，年轻人正值生命的黄金时期，但此时此刻他们往往很难将自己的身心集中到工作上，结果只能是看着成功的机会从身边溜走，真是很可惜啊。"

巴顿将军有句名言："每个人都必须心甘情愿为完成任务而献身。"他强调的是，每个人都应该敬业，都应该为完成自己的工作和任务、为实现自己的价值而付出，要到最需要你的地方去，时刻不能忘记自己的责任。

2. 没有激情，如何敬业

敬业对每个员工来说都非常重要，如果说敬业可以让员工做得更好，那么激情则可以让员工自动自发地工作，并且在工作中持续改进、不断提高。管理者和员工的激情是制度能长久地坚持下去，并得到不断完善的力量源泉。

贝克登曾说："经验告诉我们：成功和能力的关系少，和热心的关系大。"

阿米尔曾说："没有激情，人只不过是一种潜在的力量。就像火石，在它能够发出火星之前等待着铁的撞击。"

我们中没有一个人是笨蛋，我们所缺的是一根导火索，这根导火索就是激情。有了激情，我们才能把那潜藏的能量释放出来，化被动为主动，才能把一个个问题和情绪障碍一一铲除，日积月累，从而使我们的工作能力和素质获得提高。在工作中，我们只要抱定非解决不可的愿望和激情，就没有攻克不了的困难。

激情，唯有激情，才能让你成为万里挑一的人物，才能让你的企业成为卓越的企业。

老板都希望手下员工个个爱岗敬业，工作充满激情。可是在现实中，不乏仅仅把工作当作谋生手段的人，也不乏以应付的态度对待工作的人。这些人看起来是缺乏敬业精神，实际上恐怕是他们没有找到引爆创造动力的工作激情。

工作激情与我们常说的敬业有些重合之处，但其区别也是明显的。敬

业主要强调一种责任，而激情则是对自己所从事的工作表现出一种浓厚的兴趣和热爱，还有在自己所从事的工作中享受到的成就感和荣誉感。

工作激情不是凭空产生的。从主观上讲，要看你是否能从一种更高的视角审视你的本职工作。一个既厌烦自己本职工作又好高骛远的人，是不可能敬业和有激情的。也许有人会想，老板给我涨点薪水就会改善我的工作态度。其实不见得，提薪也许会让你兴奋15分钟，但作为社会的人，还有很多内在需求，比如自信心、成就感、被大家认可的程度等。业绩好的时候，希望听到赞美；心烦意乱的时候，希望找人倾诉。只有自己确实做出了成绩，满足了内在的需求，激发出了内在热情的时候，任何来自个人外部的激励才会产生长期的效果。

海尔总裁张瑞敏曾经说过一句名言："没有激情，如何创造出工作成绩？"

一个人若是对工作没有激情，就失去了前进的动力，也就不能做出有创造性的业绩。

一位寿险推销员曾经这样描述自己对激情的认识：激情能够感染他人，一旦准客户感受到你的激情，说不定因此而成交一张保单。将产品说明会的情形用摄像机记录下来，分析你的肢体动作及各方面的表现。你看起来是否满心喜欢寿险产品，真的认为保险能帮助准客户，并迫不及待地与他们分享保险资讯。在介绍保单时，记着在声音、手势及面部表情上注入激情，以生动有趣的方式才能引起准客户的注意。寿险推销人员若能充分展露激情，准客户对你和寿险产品都会印象深刻。激情对于一个员工来说就如同生命一样重要，也是成为一名卓越员工的必备品质。

拿破仑·希尔说："要想获得这个世界上的最大奖赏，你就必须拥有过去最伟大的开拓者所拥有的将梦想转化为全部有价值的献身精神和激情，以此来发展和销售自己的才能。"激情是一种动力，在你遇到逆境、失败和挫折的时候，它会给你力量，指引你去行动，去奋斗，去迈向成功。凭借激情，我们可以把枯燥无味的工作变得生动有趣，使自己充满活力，充满对事业的狂热追求；凭借激情，我们可以感染周围的同事，获得他们的理解和支持，拥有良好的人际关系；凭借激情，我们可以发掘出自身潜在的巨大能量，补充身体的潜力，发展一种坚强的个性；凭借激情，我们更可以获得老板的赏识、提拔和重用，赢得珍贵的成长和发展的机会。

充满激情是做成任何事情的必要条件。激情能使一个人保持高度的自觉，把全身的每一个细胞都激活起来，完成心中渴望的事情；激情是一种强劲的情绪，一种对人、事物和信仰的强烈情感。工作中需要注入巨大的激情，只有充满激情地工作，才能创造最大的价值，才能让制度在企业的经营活动中得到不折不扣地落实，才能让企业和个人一起取得最大的成功。

全面实施制度化管理，仅仅具有服从的观念和意识是不够的。因为服从只能够保证制度是否落实，而敬业则能够让你在制度的既定范围内做得更好。如果说敬业可以让员工做得更好，那么激情则可以让员工自动自发地工作，并且在工作中持续改进、不断提高。

遵守纪律，保证战斗力

一个善于协作、富有战斗力和进取心的团队，必定是一个有纪律的团队。同样，一个积极主动、忠诚敬业的员工，也必定是一个具有强烈纪律观念的员工。可以说，纪律永远是忠诚、敬业、创造力和团队精神的基础。对企业而言，没有纪律，便没有了一切。

要尽快成为合格的职业人，就要了解职场的规范，遵守职场纪律。而职场纪律的遵守又不是强制性的，它需要每个员工的自我管理和自我约束，是一种自觉的状态。

人在职场，就要清晰定位自己的角色。只有角色有了一定之规，才能保证自己不偏离公认和潜在的规则，才能顺利实现自己的职业理想和目标。

一位父亲以水只有放在杯子里，受到杯子的约束才可能被人喝到为例，告诉儿子：只有通过自我约束才能获得成功。

在生活中，有许多像杯子这样的例子，这其中有外加的，也有自觉的，这种自觉的就是"自我约束和管理"。"自我管理"就是有意识地控制自己，有原则地对待事物。在很多时候，"自我管理"常常意味着放弃一些东西。有时，这些东西正是你渴望已久的。面对诱惑与欲望，能够"自我管理"的人知道今天的放弃是为了明天的得到，什么都不放弃往往会失去更多的珍贵的东西。

德谟克里特曾说："和自己的心斗争是很难堪的，但这种胜利则标志着这是深思熟虑的人。"这句话正是对"自我管理"者的一种肯定。

一个员工，能够做到自我约束和管理，自觉遵守企业的纪律，那他就是一名合格的员工。拥有这样员工的团队，才能保证自己的战斗力。

有一位企业培训师经常问周围的人这样一个问题："每天早上起床是为了什么"？最常听到的答案总是一个样"我必须起床，我得……"，这是推卸责任的一种回答。它是说，如果一个人想要谋生并照顾自己和家人，就必须要起床。事实上，大部分人早上并不是非起床不可。如果他们决定就这么躺下去，无论生活还是世界都不会因此翻天覆地。或许他或她的工作会有些耽搁，第二天可以加紧补上；会议可能错过，约会得重新安排，但依然不会有什么大事发生。"我必须"并非起床的强制理由。

第二个最普遍的回答很诙谐，然而饶有意味"因为我要上厕所"。这个答案是否能让你更了解自己的同事？你问："为什么你今天早上到办公室来？"同事："嗯，我6：30起床上厕所，然后想反正也起来了，索性来企业瞧瞧。"看起来，很多人的驱动力来自压力，而不是真正的自律。

我们没有想到，我们固然是踩着时间的尾巴准时上下班的，可是，我们的工作很可能是死气沉沉的、被动的，像这样的遵守，怎么可能在工作上有更大的贡献和突破。我们所说的遵守纪律，不仅仅是在行动上不违反企业的规章制度，光做到这点远远不够，遵守是一种发自内心的对纪律的重视。

员工对纪律的遵守应该是自觉的、发自内心的，不应该是来自外界的约束力。

对于自我管理的问题，诙谐作家杰克森·布朗曾经有过一个有趣的比喻："缺少自我管理的才华，就好像穿上溜冰鞋的八爪鱼。眼看动作不断，可是却搞不清楚到底是往前、往后，还是原地打转。"如果你知道自己有几分才华，而且工作量实在不少，却又看不见太多成果，那么你很可能缺少自我管理的能力。

有一位电器企业的销售主管，他一直保持着将文档做得很工整的习惯，无论当时他有多忙甚至在周末也不例外，这个习惯让他受益匪浅，他很清楚所要完成工作的时间表和要采取何种方式去做。在他的个人电脑里，他会跟踪每一件事，从而确保不仅按时完成自己的任务和落实各项细节，而且兼顾顾客和同事。如果他们没有承诺及时和他联系，他就会给他们发电子邮件。有一天，一个人告诉这位主管："我还不如主动跟你联系，因为我知道你如果听不到我的消息，一定会在我的语音信箱里留言的。"

这位销售主管如此辛苦地跟踪每一件事，以确保工作质量，倒不如把

这些时间用来培养员工的自我管理意识，把外在的约束力转化成内在的自我管理和自我约束。源于自我的力量才是长久的和可靠的，才能永远保持它的战斗力。

全球"IT代工之王"郭台铭曾说："走出实验室，没有高科技，只有执行的纪律。"意思是说，除了那些基础实验室的研发人员，其他像做主板和笔记本电脑的研发人员也要靠严格的纪律来管理。正是要求员工必须执行这些纪律，郭台铭才能把企业越做越大，创造出更多的价值，后来成为台湾的首富。

当你具有强烈的纪律意识，在不允许妥协的地方绝不妥协，在不需要借口时绝不找任何借口，比如质量问题，比如对工作的态度等，你会猛然发现，工作因此会有一个崭新的局面。

对企业和员工而言，遵守纪律、敬业、服从、协作等精神比任何东西都重要。这些品质不是员工与生俱来的，没有哪个员工从一开始就是严格遵守纪律的，也不会有谁天生就是不找任何借口的好员工。

第8章

执行制度靠责任，责任不能缺失

想要执行到位，责任意识是基础。强烈的责任感和事业心是提高执行力的内在动力，只有拥有"在其位、谋其政、尽其责"的责任意识，才能尽心尽责做好每一件工作。有责任心的人一定会努力、认真工作一定会工作细致，富有创新精神一定会按时、按质、按量完成任务，解决问题，一定能主动处理好分内与分外相关工作，无论是否有人监督都能主动出色地完成工作而不推卸责任。

缺乏责任感，执行必不到位

执行要到位，首先责任要到位。责任不到位，执行必定缺位。只有责任落实到了每一个细节当中，才会打造出一流的执行者。

近年来，有关"豆腐渣工程"的报道不时见于报端。

2007年8月20日的《报刊文摘》上刊载了一篇名为《老城经600年不倒新墙才数月已塌——明皇故城午门修建工程被指"豆腐渣"》的报道。

报道中称：国家重点保护文物、安徽凤阳县明中都皇故城午门修建工程7月9日大面积倒塌，引起当地群众普遍不满，"明皇故城历经百年风雨，整修城墙却因一场梅雨坍塌"！这不仅使国家数百万元投资付诸东流，也使这一宝贵文化遗产遭受损毁。

明皇故城午门修建工程总造价820万元。据事故调查小组介绍，东、西翼楼几面墙体完工最早的仅一年多时间，最晚的才半年多。

与此形成鲜明对比的是，午门西边不远，是600多年前修建的皇故城西华门，尽管已历经几百年风雨，但城墙整体仍相当完好。

为什么一边是历经600年风雨不倒，另一边却是刚刚建成就已倒塌？按理说，现在的建筑技术、材料远远超过600年前，但质量为什么反而不如以前？

答案只有一个：责任一缺位，执行必缺位。执行要到位，责任先到位。

在南京一面建于明朝的古城墙上，有细心的游客发现了一个非常特别的现象：每一块砖上都标有名字。后来经导游介绍才知道，这面城墙建于明太祖朱元璋时期，砖上的名字就是负责砌城墙的工匠的名字。几百年过去了，城墙还保存得非常完好，恢宏的气势、坚固的墙体，依旧可以感受到当年工匠砌墙时的用心。

当责任已经刻入了每一块砖里，执行就不可能不到位，墙体就一定能

坚固，绝不会出现"豆腐渣"工程。

在古城墙砖上刻下名字的做法，确实值得我们借鉴和学习。不仅重大的工程要责任到位，工作中每一件事都要责任到位。

责任不到位的执行，就像一盘散沙，散掉的不仅是执行的效果，而且还会散掉人心，造就一支松松垮垮的团队。

那么，如何才能让责任不缺位？

第一，明白"所有人都有责任，实际上就是所有人都没有责任"。

执行中最怕说"这是你们所有人共同的责任"。所有人都负责，结果往往是所有人都负不起责任：有了问题你指望我、我指望你，结果是谁都不去解决，出了问题则互相推诿。

第二，明确"这就是你的责任"。

也就是将执行的责任分解到每一个人，明确告诉执行者执行的范围和标准，哪一点、哪一个环节出了问题，那么"就是你的责任"。

第三，出了差错，一定要有相应的惩罚措施。

尽管南京明故都古城墙的砖上只标出了工匠的名字，但毫无疑问，这背后必然跟着相应的惩罚措施，哪块砖出了问题，都能查到相应的责任人，进行相应的处罚。责任细到了每块砖上，谁敢掉以轻心。

如果有了上面这三点作保证，那么，责任就必然到位，执行就不再缺位。

员工要有责任感和使命感

吉列企业的董事长兼CEO吉姆·基尔特斯是一个善于拯救那些濒于崩溃的企业的行家里手。

当基尔特斯在2001年2月接手吉列时，吉列已经是一个生产消费品的烂摊子。这家Mach3剃刀、金霸王电池和Oral–B牙刷的制造商曾经业绩辉煌，但却连续14个季度没有盈利。五年来，销售收入和盈利均没有增长，三分之二的产品市场份额下降。这家位于波士顿的企业的股票已从过去的热门变得无人问津，其价值在1997年和2000年间下降了30%。

基尔特斯认为，处理问题的第一步就是：让企业的问题成为你个人的问题。到吉列的第一天，他就试着让人们了解这一点。"你必须有责任感"，他安然地坐在位于波士顿培基大厦48层的吉列总部的办公室里，双手交叉放在桌上，神情严肃，这样解释道，"人们总是喜欢说，'是管理层让我这样做的'。好吧，我们全都是管理人员"。

在一次各部门全体负责人参加的会议上，他要求大家举手发表意见，"你们中间有多少人认为我们的成本过高？"房间里的每个人都立刻举起手。然后他问，"你们中间有多少人认为自己的部门成本过高？"没有一个人举手，基尔特斯认为，这是"问题"企业经理们的一个普遍回答：每个人都知道存在问题，但是没有人认为是自己的问题，而这就是基尔特斯开始的地方——他要使问题成为每个人的问题，如果你还打算保住工作的话。

所有与基尔特斯共事的人都知道，这位芝加哥人非常严格，要求非常高。现在和原来的同事们都使用同样的形容词描述他，"要求严格"、"要求高"和"高效率"等词语一再出现。基尔特斯对预算的审核极其严格，不论一个项目花费500万或5000美元，他都会仔细审查所花的每一分钱；如果你的业绩不能达到他的要求，他就会去找能够达到这

一要求的人。

在他30年的职业生涯中，基尔特斯设计出了一个拯救"问题"企业的"蓝图"。基尔特斯坦率地谈论了这一"蓝图"，以及他如何将其应用到吉列。正像他本人承认的那样，这不是尖端的火箭科学，但这也是一个一丝不苟和步步到位的过程。他没有仅仅梦想吉列宏伟的远景，而是晚上工作到深夜，考虑卖电池应该使用六只还是八只包装。他没有集结全体员工大讲吉列如何能够改变世界，基尔特斯做的是放幻灯片，与竞争对手比较费用的高低。这并不引人入胜，也没有特别的吸引力，这仅是一个正统的经商之道，而这的确奏效了。

在正式上任六个星期以前，基尔特斯就对吉列以及吉列的问题进行了详细调查。他审查以往的年报、华尔街的研究以及业界的评论。他行程数百英里：与吉列的销售人员一起出差，走访商店，视察仓库和制造厂。他研究吉列的广告，并仔细阅读消费者的反馈。

在拜访吉列的一家大的零售商时，一位客户坦率地告诉他，如果要从吉列那里采购，他会等到每季度结束的那周。"因为我知道，为了成交，吉列在那个时候总会压低价格。"正像基尔特斯发现的那样，吉列的销售人员普遍采用一种被称为"快速交易"的有害商业行为。为了完成每季度的定额，他们乐于做任何事情——在交易时提供大幅度的折扣，提供新的产品包装以及其他的种种优惠。这种做法并不违法，在许多行业也很普遍，但通常不是一种精明的商业行为，所以吉列不应该采取这种做法。

吉列开始了基尔特斯式的严格管理。在最初上任的六个月里，基尔特斯推出评分制度，停止"快速交易"行为，彻底检查企业的财务报告系统。每天早晨，基尔特斯和他的高级管理层都会得到前一天刀片、电池和牙刷销量的准确报告。为了增强财务约束，基尔特斯还实行了他称之为"人头费零增长"政策。现在各部门负责人必须与同行业中最强的竞争对手在费用方面进行比较，结果，基尔特斯发现企业财务部门的费用比竞争对手高出30%至40%，人力资源部门的费用高出15%至20%。基尔特斯让每个部门自己想办法，将费用降低到行业水平，每个部门都必须做到。

这位首席执行官也彻底检查了吉列的供应链，在他上任前，吉列各部门单独采购厚纸板、铝、钢和塑料等原材料。事实上，直到基尔特斯要求各部门进行统计之前，没有人准确了解企业在全球各地采购的支出（接近几十亿美元），各个部门间缺乏协调。这意味着吉列各部门如果现在统一采购，可省大约2亿美元的开支。

通过这一系列的改革，吉列企业走出了困境，步入了迅速发展的快车道。

"你必须有责任感"，基尔特斯的话语可谓一语中的。工作就意味着责任。在这个世界上，没有不需承担责任的工作，相反，你的职位越高，权力越大，你肩负的责任也就越重。将企业问题视为你个人的问题，你才能全身心地投入到问题的解决当中去，你也才能将问题出色地解决掉。

一个合格的管理者首先要有责任心和使命感，既然企业授予了我们职权，我们就要承担起相应的责任，为企业解忧，把企业当作自己的企业来做。责任感不仅是管理者立足于社会、获得事业成功的必要条件，也是管理者至关重要的人格品质。

责任到位了，执行才能到位

在实际工作中，之所以会出现一些重大决策没有很好地落实到位，一些重要政策在落实过程中打了折扣，一些重大工程在实施过程中进展缓慢等现象，究其原因，往往不是方向不明、道理不清、招数不对，而是失之于用心不够、责任不清。

广州一个家电制造有限责任公司曾发生过这样一起"事故"：3号车间有一台机器出了故障，经过技术人员检查，发现原来一个配套的螺丝钉掉了，怎么找也找不到，于是只好重新去买。

在购买时发现市内好几家五金商店都没有那种螺丝钉，采购员又跑了几家大型的商场，也没有买到。

几天很快就过去了，采购员还在寻找那种螺丝钉，可是工厂却因为机器不能运转而停产。于是，企业的管理者不得不介入此事，认真听取事故的前因后果，并且想方设法地寻找修复的方法。

在这种"全民总动员"的情况下，技术科才想起拿出机器生产商的电话号码。打电话过去对方却告诉他："你们那个城市就有我们的分企业啊。你联系那里看看，肯定有。"

联系后半个小时，那家分企业就派人送货来了。问题解决的时间非常短，可是寻找哪里有螺丝钉，就用了一个星期，而这一个星期企业已经损失了上百万元。

很快，工厂又恢复了正常的生产运营。在当月的总结大会上，采购科长将这件事情又重新提了出来，他说："从这次事故中，我们很容易就能看出，企业某些工作人员的责任心不强。从技术科提交采购申请，再经过各级审批，到最后采购员采购，这一切都没有错误，都符合企业要求，可是结果却造成这么重大的损失，问题在哪里？竟然是因为技术科的工作人员没有写上机器生产商的联系方式，而其他各部门竟然也没有人问。"

企业组织中的岗位与岗位之间、员工与员工之间，都是责任与责任的关系，他们之间就犹如一台高速运转的机器中一个个相互啮合的齿轮，每一个齿轮的运转，都对整个机器的运转担负着重要的责任。很可能一个齿轮的缺失，将导致整个机器停止运行；小螺丝钉缺失，产生机器运营的缓慢和危险。责任不落实，一个小小的责任就可能酿成大祸，使企业蒙受巨大的损失。吉林中吉百货大厦就是毁在一个小职员没有踩灭一个小小的烟头上！

　　最宝贵的精神是落实的精神，最关键的落实是责任的落实。落实任务，先要落实责任，因为责任不清则无人负责，无人负责则无人落实，无人落实则无功而返。落实责任，是抓好工作落实的重要保证。

　　只有落实责任，才是落实任务、对结果产生作用的真正力量；只有靠落实责任，我们的单位和企业才能更加欣欣向荣；只有靠落实责任，战略才能隆隆推进，崭新的未来才能扑面而来；只有靠落实责任，个人的潜力才能得到无限地开发，个人才能一步步走向成功。

承担责任，让执行完美

　　一位战败的将军牵着受伤的战马走进了树林，他带领全族的人出城杀敌，然而只有他一个人幸存了下来。悲伤至极的他决定了却自己的生命。当他拿起宝剑时，突然听到有人喊："将军，请先不要死，你死在这里会挡住我的去路，让我先过去！"将军回头一看，原来是一个上山打柴的老翁，他挑着柴担向山下走来。

　　老翁打量了将军一眼，放下柴担，坐在旁边用帽子扇起风来。"老先生，您怎么不走啊？"将军苦着脸问道。"那你又是为何呢？堂堂男子汉，为什么要自杀呢？"老翁反问道。将军对老翁讲明了原因，老翁听后不但没有同情他，反而哈哈大笑。

　　将军疑惑地问："您何故发笑？"老翁看了将军一眼，说："我每天到山上砍柴，我的责任是供养妻儿，即使刮风下雨也不能阻止我。供养妻儿是我的责任，我要信守我的职责，就算我老得担不动柴了，都不能改变！"老翁继续说道："驱逐侵略者，让百姓过安定的生活是你的责任，你的士兵都是为这个责任牺牲的，你不能信守责任就是背信弃义之人。"老翁站起身，"将军，你现在可以死了！我的家人还在等着我呢。"老翁说完转身离去。

　　将军突然感到他要坚守自己的责任：为国家，为人民，驱逐侵略者！他走遍附近的村庄，召集了很多人，再次举起了反抗侵略者的大旗。他经历了多次失败，但都没有放弃责任，在最艰难的时刻，他总能记得：信守自己的责任，就一定能达到目标。渐渐地，他的队伍不断壮大，终于赶走了侵略者，实现了他的目标。

　　对于一个成功的人来讲，他身上所体现出的最耀眼的光芒是强烈的责任心，能信守自己的责任，并将责任落实到自己的工作中。正是这种负责的精神，才能使他在工作中充满动力，能以一种愉悦的心情工作。这样，不但提高了工作效率，而且能使自己的工作成绩更加完美。这样既为未来发展铺平了道路，又赢得了老板的青睐，使自己得到提升。

一辆列车高速行驶着，突然，车厢中响起了广播声："各位旅客，七号车厢中有位孕妇要临产，哪位旅客是医生，请马上到七号车厢。"林娜听到广播后站起来，走到七号车厢。"列车长，我是一名外科医生，但我刚毕业，在医院实习期间发生过医疗事故，刚被医院开除。"林娜对列车长说，"我很想帮忙，希望能给医生做个副手。""不！这里只有你一个医生，虽然你离开了医院，但你还是一名医生，你有能力完成你的使命！我们相信你！"列车长鼓励她。

"是的！我有能力，重要的是医生是我的职业，救死扶伤是我的使命，是我的责任。"林娜对自己说。她决定为孕妇接生，孕妇的丈夫告诉林娜："大夫，我妻子以前生过一次孩子，但因为难产，孩子没有保住。"林娜听后感到负担更重、责任更大了。作为医生，她应该让母子平安。林娜说："我会努力的！"过了半个多小时，车厢里传来了婴儿的啼哭声。

林娜成功了，她凭着强烈的责任心完成了工作和使命。她信守责任，经历过医疗事故后，重新振作起来，证实了自己的人生价值。

在面对困难和挫折的时候，我们应该挺起胸膛，信守自己的责任，凭借责任感闯过难关，这样，我们将取得更加卓越的成就，表现出更加完美的人格。

其实一个人本身就是一个责任的集合体，身上肩负着对工作、家庭、亲人、朋友的责任，一个人的价值的展现就在于能信守自己的责任，完成自己的责任，只有这样，才能使自己的人生更有价值。

无论是企业，还是社会，都如一台高速运转的机器，其中的人如同机器中的相互啮合的齿轮，每一个齿轮都肩负着自己的责任，都直接面向与自己啮合的其他齿轮，如果某个人没能坚守自己的责任，停止了旋转，那么将导致整台机器停止运行。即使是缺失一个小小的螺丝钉，整台机器都将出现故障。

责任心为执行力保驾护航

现如今，很多企业、单位、团体都讲"提高执行力"，但为何成效不大？这很让人深思。执行力不好的原因是多方面的，管理没有常抓不懈，出台的管理制度不严谨，缺少针对性和可行性，缺少科学的监督考核机制，等等。

多年来，我们一直在学习新的管理理念和经验，其最终目的还是为了提高执行力，实现高效管理，真正从管理上出效益。我们的企业有着从严治厂的优良传统，"三老四严"、"四个一样"，至今仍在许多单位发挥着不可替代的作用。说到底，无论是继承发扬老传统，还是学习引进新理念，都是为了提高执行力。然而，有了这些理论经验，执行力就真的能提高吗？

说到底，理论经验是要变成实实在在的行动，才谈得上加强企业执行力；而加强执行力，就是加强人的执行力。如此一来，人的因素是最重要的。提高执行力不在于管理经验的新老，重要的是依靠每个人对制度措施的不折不扣的贯彻执行，最终还得靠每个人的责任心。

某县有位干部因业绩突出，上级想把他调往省城，而他却自愿留守县城，虽干得有声有色，却也辛苦至极。别人问他这样做值得吗？他答道："既然留下来，就有责任干好。"这是责任的力量。也常见各部门，因职位高下、利益不均，有人就推三阻四、拖沓怠工；可也有人照样无利而往、披星戴月地工作，单位兴旺发达了，他们仍默默无闻，只是一个幕后英雄而已。可他们的出发点很简单，"干这份事，就得为此负责"。由此可见，在企业的发展阶段，企业员工的责任心更能影响企业的生存和发展。有了责任心，才会凡事严格要求，制度执行中不打折扣，措施实施中不玩虚招，做到令行禁止。

令人遗憾的是，现实生活中的情形并不能乐观。有一个人给一位企业老板发送电子邀请函，连发几次都被退回，向那位老板的秘书查询时，秘书说邮箱满了。可四天过去了，还是发不过去，再去问，那位秘书还是说邮箱是满的。试想，不知这四天之内该有多少邮件遭到了被退回的厄运？而这众多被退回的邮件当中谁敢说没有重要的内容？如果那位秘书能考虑这一点，恐怕就不会让邮箱一直满着。作为秘书，每日查看、清理邮箱，是最起码的职责，而这位秘书显然责任心不够。

人们还经常见到这样的员工：电话铃声持续地响起，他（她）仍慢条斯理地处理着自己的事，根本充耳不闻。一屋子人在聊天，投诉的电话铃声此起彼伏，可就是不接听。问之，则曰："还没到上班时间。"其实，离上班时间仅差一两分钟，就看着表不接。有些客户服务部门的员工讲述自己部门的秘密，"五点下班得赶紧跑，要不慢了，遇到顾客投诉就麻烦了——耽误回家。即使有电话也不要轻易接，接了就很可能成了烫手的山芋"。

这些问题看起来是小事，但恰恰反映了员工的责任心。而正是这些体现员工责任心的细小之事，却关系着企业的信誉、信用、效益、发展，甚至生存。那么，员工为什么会缺乏责任心呢？

首先是管理者不知道该如何体现和增强员工的责任心。这是经验少、智慧不够、思维能力不足的表现。

其次是企业的管理者思想懈怠或疏于管理监督，员工自然跟着懈怠。

再次是源于人的懒惰天性。企业原本规章制度执行得很好，可时间一长自然懈怠，思想上一放松，责任心就减弱，行为上自然就松懈，体现在日常的工作中就是执行力下降，很多问题均由此而生。

责任心体现在三个阶段：一是执行之前，二是执行的过程中，三是执行后出了问题。怎样提升责任心呢？第一阶段，执行之前要想到后果。第二阶段要尽可能引导事物向好的方向发展，防止坏的结果出现。第三阶段，出了问题敢于承担责任。勇于承担责任和积极承担责任不仅是一个人的勇气问题，而且也标志着一个人是否自信，是否光明磊落，是否恐惧未来。

员工勇于承担责任是一种美德，一种勇气，是无私无畏的表现，更容易赢得领导的尊重，成为同事行为的楷模和样板。员工如有能力以一种负

责的、职业的、考虑周全的方式行事，对企业来说是一种竞争优势，对于个人而言是一笔财富，是提高执行能力的最佳途径。

勇于承担责任不是大家心中所想的那样，好像自己要付出多大的代价。在企业里主动承担责任只会给自己带来好处，虽然有时候会牺牲自己的利益。从另一个方面来讲，勇于承担责任是每一名员工的职责所在，是义不容辞的事。

你有没有意识到这一点？你害怕承担责任，害怕自己的利益受到损失，害怕自己的前途受到影响。所以，你学会了推卸责任，学会了临阵脱逃，学会了"明哲保身"。可就在你洋洋得意的时候，你的前途却被你亲手毁掉了。

职责所在，义不容辞。只有这样你才能知道自己的能力缺陷在什么地方，才能去学习，才能去不断提高自己的执行力。

执行还要有一流的把关做保证

责任要彻底到位，还需要一流的把关作为保证，否则即使执行不缺位，也有可能因为疏忽或考虑不周全而导致执行的不完美。

所谓一流把关，就是对交到自己手上的工作，要检查再检查，细致再细致，考虑再考虑，以确保执行的万无一失。

雷英夫是周恩来总理的军事秘书，曾经担任总参作战部部长。他就是一个能够帮助领导把关、高度负责的人。

有一次，周总理带领我国政府代表团出访某国，将与该国政府签订一个很重要的协定。经过一系列的工作，协议写得很好，眼看第二天上午就要举行签字仪式了。这时候，随行的雷英夫却找到周总理，说他看出了协定文本中的一个问题。

原来，国与国之间的重要协定的签署，按国际惯例都是用法文作为正式的文本，因为只有法文的表达才是最准确的，但雷英夫部长在最后一次审定文本时发现正式文本上少了一行文字，便找到周总理。

周总理问雷英夫，"好像你不懂得法文啊，你怎么知道有问题呢？"雷英夫说，"我虽然不懂，但我看出法文本的协定比中文本的少了一行字，这不是小事。"周总理十分重视，马上布置对文本进行了重新校对，直到万无一失，才与别人签订协议。事后，周总理对雷英夫大加表扬，称赞他是一个高度负责任的人。

一流的把关，不仅来自于执行前的再三检查，也来自于执行中对多种可能性的了解和考虑，以随时作出调整。

美国著名演说家格里·富斯特讲过一个发生在自己身边的故事，通过这个故事，我们可以更好地理解"一流把关"的含义。

作为公众演说家，富斯特意识到自己成功的最重要一点，就是让客户及时见到他本人和有关他的材料。为此，企业还专门为他配了一名助手

负责。

前后两任助手——琳达和艾米的不同表现给富斯特留下了很深的印象。

8年前，富斯特去多伦多参加一个会议。在芝加哥机场换机时，他给琳达打了一个电话，以确认是否一切都已安排妥当。

"琳达，演讲的材料送到多伦多了吗？"

"6天前我就已经将材料寄出去了。"

"他们收到了吗？"

"快递公司说他们保证两天后送到。"

尽管如此，富斯特还是有点放心不下。从表面上看，琳达已经将该做的都做了，甚至还提前几天将材料交给了快递公司，为意外情况留下了时间。

但似乎还是有疏漏，那就是她没有确认结果——材料到底是否已经送达。

结果，当富斯特赶到会场时，他的材料还没有送过来，为此，他不得不将重要的话题挪后，直到材料送来。

8年后，富斯特又一次前往多伦多参加会议，同样是在芝加哥机场，换机时，想到8年前的经历，他心中有些忐忑不安，于是他拨通了后任助手艾米的电话：

"我的材料到多伦多了吗？"

"会议负责人丽西亚说材料三天前就到了。"

接着，艾米又说："另外，丽西亚告诉我听众人数可能比原来预计的多400人，为此我又多寄了600份材料，这些材料也已经到了。

"还有，她问我您是否希望演讲开始前让听众手上都拿到资料。我告诉她您通常是这样做的，但这是一个新的演讲，所以我也不能确定。

"所以，她决定在演讲开始前才发资料，如果您不同意这样做，可以提前告诉她。我这里有她的电话号码，您可以记下来，随时跟她联系。"

艾米的一番话让富斯特彻底放下心来。

富斯特的这个故事充分说明了一流执行力必有一流把关的道理。毫无疑问，琳达也是一位负责任的员工，她不仅寄了材料，而且为了保险起见，还提前了几天。但由于对结果没有把好关，而让富斯特陷入了很被动的境地。艾米则恰好相反，处处把关，不放过任何一个细节，让富斯特处处处于主动的地位。

从这些优秀的执行者身上，我们学到了什么是责任心。

第一，不管是不是自己的"本分事"，只要与单位的工作有关，就要认真负责。

如雷英夫，协议的文本照理应该与他无关，但是为了对国家负责，自己主动去对文件进行检查。

第二，能力重要，但责任心比能力更重要。

雷英夫不懂得法文，可是他却能发现法文文本中的错误。这说明了什么？很多问题的发现和解决，首先靠的是责任心，而不是专业能力。

有责任心却缺乏专业能力，可以想办法去发现和解决问题；有专业能力但缺乏足够的责任心，就难以发现和解决问题。如果有了责任心再有专业能力，那就可以如虎添翼，达到最佳效果了。

第三，执行一定要问结果。

执行千万不能像琳达一样，只重过程，不问结果，而要学艾米，一定要对结果进行确认。这样，万一出现什么意外，也能及时查明原因，采取补救措施。

第四，要及时了解事情的变化，以便迅速作出调整，保证每个细节都万无一失。

正因为及时了解到听众可能会比原来预计的多400人，艾米才能及时将不够的材料寄过去，不至于措手不及。

第9章

遵循流程，让制度与执行完美对接

企业要在日益激烈的竞争中取胜，要想基业长青，归根结底要依赖企业自身的能力，而企业的能力来自于组织流程。通过组织流程，企业将各种资源，比如人力资源、财务资源等转换成企业的能力。因此，组织流程就成了企业竞争力的决定因素。

流程不利，执行必不可行

无论干什么事，无论在生活、休闲还是工作中，都有一个"先做什么、接着做什么、最后做什么"的先后顺序，这就是我们生活中的流程，只是我们没有用"流程"这个词汇来表达而已。除了"先做什么、接着做什么、最后做什么"的先后顺序外，还经常说某某人能办事，某某企业善于做事，能办事、善于做事是说他们。做事情有方法，比别人的更有效果，到底有哪些不同呢？可能是先后顺序不同，也可能是做事的内容不同。因此，流程就是做事方法，它不仅包括先后顺序，还包括做事的内容。同时，我们做任何事情都需要资源投入，都需要借助资源的效用，包括资金、信息、精力、人员、技术等，因此对投入的资源也要善加管理，否则也难以成事。

任何组织或者个人，要想执行到位，就必须重视流程的作用。如果没有制定出可行的流程，执行工作就无法到位。很多工作执行不到位，就是因为不按照流程办事造成的。

微软中国研究开发中心一位部门经理与笔者交谈时举了个例子。有一次，他乘坐的飞机在深圳机场出了故障，乘客被告知这个航班将换一架正从外地赶来的飞机，可此时乘务员已经超时飞行了。怎么处理这个"超时"？深圳方面做不了主，便频频请示北京航空总局，时间被一拖再拖，机场一片混乱。这位在美国工作了10年的经理评价说，"这明显是缺乏办事流程"，乘务员超时飞行是个老问题，在国外，这类事早写到规章制度里了，"一二三四五，照着条文上写的办就是了，不管谁当班都能处理"。我们这里却是"乘客和航空企业都急得团团转"。

其实，用不着在美国待10年，只要与西方企业打几次交道，对他们那种"按流程办事"的做法就会有所体验。这种体验有时还相当强烈，因为对方的某些做法所表现出来的"流程意识"，几乎到了刻板的程度。一

个会议日程表，能把从起床到就寝的所有时间段安排得滴水不漏，连早上有"电话叫醒"，10分钟休息在哪儿活动这样的细节都打印在表格上，而且执行起来绝不走样。两年前笔者随大中国区记者团采访Sun企业总部，时间表上写着9点钟开会，当时不少记者还在吃饭，人家已宣布"现在开会"了，一看表，一分钟也没等。有人把这种现象叫做"文本文化"，即把要做的事情一律形成文字，而且写下来就要照着做。

有人会不以为然，认为按照流程的条条框框做，是自找麻烦，把一件简单的事情做复杂了。那么大家有没有想过，这些条条框框是如何来的呢？难道制定流程的人是为了给大家制造麻烦才这样要求的吗？举一个交通上的例子，交通法规有两个非常明确的规定：严禁超载和疲劳驾驶。这两条规定从何而来？事实上是从历年的重大交通事故调查数据中总结出来的。

即使是已经执行了多年，现在打开电视和报纸，仍然经常看到由此原因导致的交通事故，且不说造成的经济损失，就是人员伤亡，让亲友如何承受？交通法规是因为它事关人命，所以需要人人严格遵守；而工作流程事关工作开展，这是组织的灵魂，所以也需要人人遵守。如果编制的流程在某些地方确实不合理，它也不是一成不变的，而是可以按照适当的程序进行改进的。但是在改进的版本未发布之前，就要按照原有的要求执行，而不能以其需要改进为由不操作，否则不就是有法不依了吗？这叫做尊重流程。

还有人说，流程是把人僵化了，但是实际上不是流程僵化了人，而是人在理解流程时把自己僵化了。理解了流程产生的背景，还要理解流程要求的每一步为什么要这样做，而不是那样做，这就要充分了解流程的目的。

原因就在于我们大部分人的执行观念不强，不尊重流程。即使人人理解了流程的内涵，也不能保障每个人都这样做。

事实上，设定流程的最终目的是为了提高工作效率，提高管理水平，从而节约管理成本。

建立流程有以下几点好处：

（1）使得工作有序进行，不致于杂乱。

（2）在工作出现错误时可及时分析出是哪个环节发生了问题。

（3）由于每一个流程中的节点都有相应的责任人，所以很容易就可以找到相应的责任人。

（4）在员工进行流动时，不至于因员工的流动而使得工作进度缓慢。

（5）可实现"傻子工程"，因为有了很详细的流程，所以新员工在入职以后，只要认识汉字，按照流程操作就没有问题了。

成熟的企业需要稳健，而严格科学的运行程序是稳健的基础条件。这几年常有外企换帅的消息，中国惠普的程天纵，微软中国公司的杜家滨、吴士宏都是这一两年离去的，企业照常运转。国内公司如果有高层人员跳槽，就多半会出现"地震"了。实达电脑公司老总叶龙说他们那儿"谁走了都不怕"，敢说这个话，底气也在于实达公司现在是"靠制度立业"。爱德曼国际公关集团中国执行总监何鑫认为，在中国，多数企业都认为成功的关键在于"高质量人才"的培养。但长期的经验却告诉他，有效的管理程序才是取胜的根本保证。如果光靠人，那么有一天他走了，他脑中积累的知识、经验就会被带走。而靠程序管理就不会有那么大的损失。"一个走了，另一个人马上可以接着干。"

因此，任何人都不能轻视流程，不按照流程办事。只有遵守流程，才能把工作更好地执行到位。

优化流程，提高执行力

"按流程办事"作为系统封闭的一整套管理制度，它更意味着企业运行的基本环节被控制在一种"秩序"之中。一个被"过来人"重复了千百遍的经验是：企业起家时靠冲劲、靠灵气，成熟后靠规范、靠制度。说起缘由，最常见的解释是企业规模的变化导致管理模式的变化。创业阶段只有十几个人、七八条枪，老板不过是个班排长的角色，指挥起来得来心应手；待发展到成百上千人，攒下成千上万亿元的家私，企业运行的复杂性就超出老板个人的控制力了。这只是一个理。还有一个也许是更重要的理——企业运行由创业时的"非常态"进入了"常态"。对于企业家来说，区分企业运行的这两种状态是非常重要的。处置非常态的事件要靠风险决策，而处置常态事件则可借助于他人或自己以往的经验。这些经验用"文本"固定下来，就成了企业的流程了。

但随之问题也出现了，企业内部流程过于烦琐和复杂往往成为高效执行的主要障碍，有时一个文件需要各个部门逐层审批，每个部门处理的时间只需要5分钟，但是在传递过程中耽误的时间却长达五六天，这不仅影响到执行者的耐性和执行结果，还会影响到企业的竞争力。

有一个例子很能说明问题。美国的办公设备生产巨头施乐公司一手创造并垄断了自动办公设备产业多年，它曾经发明了许多包括鼠标、图形用户界面、激光打印机在内的最具革命性的技术。对于施乐公司的成就，《财富》杂志曾撰文评价说："施乐914型普通纸复印机是美国有史以来生产的利润最大的产品。"但后来这家历史悠久的老牌企业效益一度下滑，差点被日本复印机制造商所淘汰，施乐企业悲剧产生的重要原因之一就是其庞大的官僚体制使得企业内部业务流程过于繁杂，不能迅速地提供资源使其先进的技术快速转化为现实生产力，从而阻碍了新技术产品的开发，失去了一次次的市场良机。

对于施乐公司的这种突变，曾经担任过施乐公司顾问、被称为"有史以来对美国营销影响最大的人"的杰克·特劳特评价说："施乐的高层认为他们是一家成功的技术企业，很可惜人们只把它看作是一个复印机企业，仅此而已。"可见，烦琐的业务流程可以导致执行效率低下，对企业造成致命性的危害。

20世纪70年代至80年代，美国人重视起来流程问题。当时美国的企业遭到了日本企业的狙击，竞争力逐渐下降。美国人就开始研究美国企业落后于日本企业的原因，结果发现本国企业的生产效率并不比日本低，技术上也不比日本企业差，产品质量上也相差无几，最后美国人发现导致两国企业出现差距的根源在于双方的业务流程不同。日本企业业务流程较为简明，这大大缩短了将一项技术变成产品、把产品推向市场的时间。美国人在认识到这一差距之后，才真正开始重视流程问题，为了保持流程的连续性，企业开始打破部门之间阻碍流程运转的界限，消除不同部门各自为政的现象，简化业务流程。

反观中国的企业，大多没有竞争力，执行力偏低，在很大程度上与业务流程的繁杂有关系，业务流程繁杂问题得不到解决，投入再多的硬件和人力，执行力也无法得到提升。尤其对于规模迅速膨胀的大中型企业而言，由于业务量大而且内容复杂，部门也多，队伍庞大，分布广泛，同样的流程一天要重复十几次、几十次，这个环节慢一些，那个环节漏一点，到最后一个环节的时候，问题就会像"雪崩"一样，变成巨幅震荡。流程问题会影响工作效率，尽管员工天天加班，手忙脚乱，也是错误百出，企业的各项计划常常落空，甚至还会出现资产上的损失。一般来说，越是大型企业，越容易出现流程烦琐的问题。

随着企业的成长和业务复杂性的增加，企业面临着规模化发展、跨区域运营、快速响应市场竞争和需求等挑战。这些挑战客观上要求企业进行跨部门、跨职能化协调发展，从而对企业的内部流程管理与优化提出了迫切的要求。在这个背景下，如果企业还陷在"管理体系孤岛"中，那么它的灵活反应和业务提升都将要面对严峻的考验。

优化流程可根据企业的实际情况采取以下三种方式：垂直工作整合、水平工作整合和工作次序最佳化。

　　首先说垂直工作整合。它是指给予员工充分的信任，适当地给予下属员工自愿自主处理事情的权力，不必凡事都要层层汇报、层层审批而影响到问题解决的效率。这样，可以锻炼员工的现场执行力，使其创造性地开展工作。

　　再说水平工作整合。它是指将企业分散的资源加以集中，或者将分散在不同部门间的相关工作整合成一个完整的工作交由一个部门或一个人负责，这样可以减少人员之间或部门之间沟通的时间，还可以明确工作的责任人，提高员工的责任感，避免出了问题之后互踢皮球的扯皮现象。

　　最后是工作次序最佳化。它是指做任何事情都是有先后顺序的，但ABC与BAC的效果肯定有所不同。这就需要利用工作步骤的调整，达到流程次序最佳化，提高效率节省成本的目的。

　　总之，优化流程的一个重要理念就是业务判断理性化、知识化，一般业务常规化，甚至自动化、傻瓜化，从而减少执行层人员的要求，提升执行的效率。

提高员工正确做事的能力

怎样提高员工正确做事的能力呢？也就是说，怎样使员工能够很好地理解企业的战略意图并且以正确的方法来执行呢？

第一，我们要清除一个误区，那就是认为企业战略只需要企业高层核心人物了解就可以，企业员工没有必要清楚地知道。不少企业的管理者都有这样的错误看法。其实，企业战略的实施需要全体员工的共同努力，所以企业战略不仅要让每个员工清楚地了解，而且还应该通过培训等形式不断加强员工的认可度，只有这样，才能保证企业战略的有效实施，才能保证全体员工都能够朝着企业目标共同努力。

第二，就是积极地对员工进行及时的培训。IBM公司拥有全世界最强大的销售团队和最完美的售后服务。为什么？就是因为IBM对公司的每一位员工都要进行详尽细致的培训指导。在IBM，每一位表现优异的员工都要带一名刚刚加入IBM的员工或者表现不佳的员工，对他们进行随时随地的培训指导。正是有了这样的机制，才使得IBM员工队伍的执行能力非常强，保证了所有员工都能够不断地朝着企业的总体战略方向前进，不断地为企业创造着巨大的财富。

第三，对员工的工作业绩进行及时的监督检查。IBM前总裁郭士纳的一句话"员工不会做你希望的事，员工只会做你监督和检查的事"，这句话道出了管理的精髓。监督和检查是一个企业真正把执行落到实处的关键的一环。许多企业的战略目标最后沦为口号，就是因为没有一套有效的、为实施企业战略服务的监督检查机制。

执行过程中也要讲究方法

企业的生存与执行到不到位有着直接的关系，而在执行的过程中，我们也要根据工作的流程、工作的轻重缓急和正确的步骤来执行。

首先，我们要遵循工作流程。一旦接到任务，脑子里应该时时刻刻存有工作，要遵循"目标—计划—执行到位—评估"的流程来执行。所谓目标，是指明确地了解工作的目的何在，到何时做到何种程度，将可达到所设定的目标。计划是指想方法，以更有效的做法促使目标如期实现。

执行时需要注意的事项有：依据计划来正确、迅速地去执行；严格遵守完成日期；不能照预定进度去做而不得不变更计划时，一定要向上司报告并接受其建议，千万不可独断专行；做到一半发生疑问时，一定要与上司商量。

至于评估，则须考虑以下几点：如果进行得不顺利，其原因何在？如果进行得很顺利，为何那么顺利？再确认一下其成功的原因。

如果这两方面都做好了，就不至于无法掌握住工作的整体性和全盘性。尤其是组织的工作，必有其纵向、横向的流程，每位员工脑子里必须时时存在着目的、背景以及与其他事情的关联性等概念。

其次，我们要分清工作的轻重缓急。执行工作时，一定要考虑优先顺序，先做最重要的事，然后才做比较急迫的工作，万万不可先做自己认为好做或自己喜爱做的事，这样，可能会将重要的事耽搁，造成真正应该执行的事情没有执行到位。

那么该如何确定工作的优先顺序呢？一般来说，可以依据工作期限、重要程度以及性质来判断。站在企业的立场而言，一般都要求员工在交货期之前必须完成工作，所以，在做事之前，应该制定一个严密且可行的流程才对。

作为制度的执行者，做事一定要坚持一个大原则，就是"今日事，今日毕"，决不可拖到第二天。如果每天都无法将今日的事做完，就会累积一大堆工作，结果可能因此而赶不上交货期。

假使突然接获临时插进来的工作，最好跟上司或其他同事商量，请教他们该如何处理，避免出差错。不过，也不可什么事都去请教他们，最好是自己先做个考量后再去请教别人。

最后，我们要按照正确的步骤做事。一名员工在执行某一工作时，最好依以下步骤来进行，以获得事半功倍之效。

（1）接受工作指示或命令。一般员工做某一工作时，会接到上司的工作指示。这时候，不能只听上司所交代的，还要明确地掌握住工作目的才行，所以，员工要深思的事情有：工作目标是什么？为什么必须达到这个目标？何时达到？如何做会更好？

（2）收集有关的资料、情报。即收集与工作的计划、执行等相关的文件、资料、情报，而且对于情报的选择要有判断。

（3）考量工作的步骤与方法。愈是需要花长时间工作的事情，愈需要依照工作的步骤与流程来做，这样才比较有效率。

（4）决定工作的步骤与方法。不妨从所拟定的几个方案中挑选较合理的，决定时应该考虑到"更早、更好、更轻松、更便宜"这几项因素，再做筛选。

（5）制定行事表。

（6）实施时须留意。确实依照所计划的步骤和方法去做；很有自信地去执行；时时审核实际进度和预定计划的差距，必要时修改所定计划。

（7）检讨与评估。从品质、期限、成本等层面，将工作的结果和当初的计划做一比较，如果不能达到预期结果，就应该找出其原因。

（8）做完后，向上司报告结果。像这样按步骤来完成工作，那么，执行到位就是一件很容易的事了。

第10章

执行制度要"高标准，严要求"

水温升到99℃，还不是开水，其价值有限；若再添一把火，在99℃的基础上再升高1℃，就会使水沸腾，并产生大量水蒸气来开动机器，从而获得巨大的经济效益。对很多事情来说，执行上的一点点差距，往往会导致结果上出现很大的差别。因此，高标准、高要求才是执行到位的先决条件。

高标准是执行力的源头

《孙子兵法》有一句话，"求其上，得其中；求其中，得其下；求其下，必败"。这句话让人联想到目标牵引——被马拉动的车只能跑在马的屁股后面，要使"车"到达预定位置，就必须给"马"设定更高的目标。这就是我们常常强调的做事要高标准、严要求。

企业经营管理除了要有使命、愿景这样激动人心的目标，还要制定战略明确实现目标的途径。但这些仍然停留在规划层面，都还属于纸上谈兵，最终都需要在执行层面去落实，这也是企业经营成败最关键的一步。执行力是把事情做好的能力，而不仅仅是一种意愿。仅有意愿而缺乏能力，就会感到力不从心。

事实证明，人的能力取决于掌握的知识和技巧，企业的能力取决于做事的方式，包括流程与方法。管理变革就是要改变做事的习惯，建立更加高效的流程和有效的方法，而困扰我们管理变革深化的最大因素就是根深蒂固于传统习惯中的粗放管理、得过且过。

高标准是执行力的源头。见贤思齐乃是人类追求文明进步的天性，但首先应该有"贤"的标准，通过树立标杆明确进步的方向。为此我们提出了"精准细严"的精细化管理目标，并把它具体化到各项业务中，上升为一种全局性的管理文化，引领管理变革的持续深化。

怎样实现"高标准，高要求"

提到严格执行，人们就想到丰田。自从他们的生产方式被冠以"改变世界的机器"，几十年来，到丰田的朝圣者始终没有间断过。从管理学者到企业家，大家从各种角度解读丰田，按照自己的理解学习、照搬丰田，虽然都有着不同程度的收获，但时至今日，真正读懂丰田的人并不多。

一套体系完整、方法清晰的理论，几十年来没有能够培养出第二个丰田，因为没有人能下得了丰田的"笨工夫"。一套管理方法坚持了半个世纪仍然在不断改进，正是这种近乎"愚公移山"神话式的笨工夫成就了丰田今日的地位。在汽车工业竞争如此激烈的红海市场中，丰田能够扎扎实实地把产量做到世界第一，把利润做到超过美国三大汽车工业巨头的总和，而资产报酬率也高出行业平均值的八倍。

丰田的经验告诉我们，基于定位的差异化优势是短暂的，真正难以模仿的是基于独特文化的做事方式。用高标准做事，在红海市场中同样能够找到"蓝海"。

人生的至理其实并不多，而最大的至理应该是知行合一。全世界的股民都知道股神巴菲特的秘笈是以不变的"价值投资"理念应对诡异多变的市场，然而自己一旦入市却总是抱着投机心理，处处应变，因而处处被动。

产品质量是市场竞争力的根本，这应该是最具广泛性的共识。"质量是企业的生命"，"第一是质量，第二是质量，第三还是质量"，这些话的绝对意义已经使质量意识的高度无以复加，但是说这些话的人未必完全出自真心，因而差距就在于五十步对百步，信得多、做得多就成功得快一些，仅此而已。

管理的高标准、高要求也是同样的道理，就是以高度的责任心，用高标准去衡量，区分"把工作做了"与"把工作做好"。具体到管理变革，就是在推进过程中要扎扎实实按照要求去做，如果以管理基础薄弱为借口随意变通，迁就自己，则"求其下，必败"。为山九仞，功亏一篑，这一篑之差，就可能无法够到成功的果实。

好的态度决定好的执行

可以说，工作是一个人人生态度的体现。一个人一生从事的职业，体现了他的志向和理想。因此，一个人的工作态度在很大程度上体现着这个人的性格以及他的品质。不论我们从事多么琐碎的工作，都不要轻视它。因为所有能够创造价值的工作都是值得尊敬的，关键在于我们怎样看待自己的工作。只要我们认真、诚实地付出劳动，就没有任何人可以贬低我们的价值。

这个世界上，没有卑微的工作，有的只是卑微的工作态度。虽然，有些工作看上去并不十分高雅，而且工作环境也非常差，但是，我们并不能因此就轻视这样的工作，我们应该用一种正确的价值观去看待它——只要它是有用的，就值得我们去做。工作没有贵贱之分，工作态度却有高低之别。做一名普通的纺织工人并不是什么不光彩的事情，他们同样在创造价值，但是如果纺织出的都是不能用的布，那才是不光彩的事情。

"假如你非常热爱你的工作，那你的生活就是天堂；假如你非常讨厌你的工作，那你的生活就是地狱。"我们每个人一生当中，很大一部分时间都和工作有着密切的联系，与其说是工作需要人，不如说任何一个人都需要工作。作为企业的员工，我们需要有一个正确的工作态度。因为在实际工作中，我们的工作态度决定着自己的前景。工作态度的好坏决定着能不能把工作执行到位，能不能为自己和企业创造实际的价值。

某高校毕业生到新企业工作时间不长，至今才一个月的时间，但对于执行力的理解却已经比较深刻了。最近他的企业因为新系统要上线，涉及中心厅、合作厅、网营厅、校园厅所有营业员的培训，还要帮助市场部清理在途工单、抵用券的兑换，还要迎接省企业领导视察……似乎所有的事情都堆到了一块。

在这种情况下，员工对于工作的态度、执行力的高低、立刻就显现出来了。

有些员工，对待所有的工作，都是丝毫也不含糊。为了做好工作，加班到夜里十一二点甚至更晚，都毫无怨言。老板说："对于这些人，只要是布置了任务，就等着听汇报就行了。"有些员工，对待分内的工作，也是认真对待，但是稍稍逾越了职责边际，就会找各种理由推脱。还有的员工，做了一些工作后，到处敲锣打鼓，为自己歌功颂德。

有这样一句话：流程，不能规定所有的职责范围，每个人都往前跨上半步，流程才能无缝隙顺畅运转。有时，技能并非最主要的，重要的是态度。态度决定一切。

站在管理人员的角度，无疑第一种员工是最让人省心的，也是最值得嘉奖的。

"没有任何借口。"是的，不要找任何借口，作为执行者，你的任务就是执行，唯有执行！也许领导的决策会有失误，但失误只有在执行的过程中才会发现，才能纠正。任何宏图伟略，也只有通过执行来显现。

何谓执行力？按照书上的定义就是保质保量地完成自己的工作和任务的能力。成为一名优秀员工，不断提升自我执行力是关键。个人执行力的强弱主要取决于两个要素——个人能力和工作态度，能力是基础，态度是关键。所以，要提升个人执行力，需通过加强学习和实践锻炼来增强自身素质，而更重要的是要端正工作态度。那么，如何树立积极正确的工作态度？关键是要在工作中实践好"严、实、快、新"四字要求。

首先是着眼于"严"，积极进取，增强责任意识。责任心和进取心是做好一切工作的首要条件。责任心的强弱，决定执行力度的大小；进取心的强弱，决定执行效果的好坏。因此，要提高执行力，就必须树立起强烈的责任意识和进取精神，坚决克服不思进取、得过且过的心态。把工作标准调整到最高，精神状态调整到最佳，自我要求调整到最严，认认真真、尽心尽力、不折不扣地履行自己的职责，决不消极应付、敷衍塞责、推卸责任，养成认真负责、追求卓越的良好习惯。

其次要着眼于"实"，脚踏实地，树立实干作风。天下大事必作于细，古今事业必成于实。虽然每个人的岗位可能平凡，分工各有不同，但只要埋头苦干、兢兢业业就能干出一番事业。好高骛远、作风漂浮，结果

终究是一事无成。因此，要提高执行力，就必须发扬严谨务实、勤勉刻苦的精神，坚决克服夸夸其谈、评头论足的毛病。真正静下心来，从小事做起，从点滴做起。一件一件抓落实，一项一项抓成效，干一件成一件，积小胜为大胜，养成脚踏实地、埋头苦干的良好习惯。

再次要着眼于"快"，只争朝夕，提高办事效率。"明日复明日，明日何其多。我生待明日，万事成蹉跎。"因此，要提高执行力，就必须强化时间观念和效率意识，弘扬"立即行动、马上就办"的工作理念。坚决克服工作懒散、办事拖拉的恶习。每项工作都要立足于一个"早"字，落实一个"快"字，抓紧时机、加快节奏、提高效率。做任何事都要有效地进行时间管理，时刻把握工作进度，做到争分夺秒，赶前不赶后，养成雷厉风行、干净利落的良好习惯。

最后要着眼于"新"，开拓创新，改进工作方法。只有改革，才有活力；只有创新，才有发展。面对竞争日益激烈、变化日趋迅猛的今天，创新和应变能力已成为推进我们企业发展的核心要素。因此，要提高执行力，就必须具备较强的改革精神和创新能力，坚决克服无所用心、生搬硬套的问题，充分发挥主观能动性，创造性地开展工作、执行指令。在日常工作中，我们要敢于突破思维定势和传统经验的束缚，进一步解放思想，不断寻求新的思路和方法，使执行的力度更大、速度更快、效果更好。养成勤于学习、善于思考的良好习惯。

总之，提升个人执行力虽不是一朝一夕之事，但只要你按"严、实、快、新"的要求用心去做，相信一定会成功！

执行就是从"做事"到"做成事"

要想执行到位，由"做事"转变为"做成事"，需要用认真的态度去做每一件事情，去执行每一项任务。认真负责是能够执行到位的另一条准则。也只有认真负责，才能把工作真正执行到位，因为在执行的过程中，容不得我们有半点马虎和不负责任。

在职场中，只有那些认真工作的员工才是真正聪明的人。认真工作是提高自己能力的最佳途径，为企业工作的同时，我们也是为自己的未来工作。执行到位与否直接影响着我们的将来。

首先，工作要认真执行到位。认真，是一种做事态度。先哲讲：凡事要认真。古今中外，无论大事小事，要成就一番事业，必须要有一种特别认真的态度。

国家如此，企业也是一样。海尔集团能够发展壮大，是因为它对产品认真负责的态度几近极致。新世纪劳模许振超，用几年的时间弄清了极其复杂的线路板结构，成功地为国家节约了大量的资金。

在当今经济高速发展的社会，急功近利者比比皆是，假冒伪劣充斥市场，自己辛苦创造出来的品牌，又在自己以后的投机心理支配下毁掉了。我们有名牌产品，但太少了。现在不少企业拥有一流的设备，却出不了一流的产品，关键是没有认真负责的态度。

认真成就我们的事业，认真是世界上所有成功企业必不可少的基本素质。不认真，投机钻营，只会带来企业的倒闭。我们要实现成功，就一定要有认真的态度，认真做事，认真对待一切事业，彻底抛弃投机敷衍的心理，认真、认真、再认真。

其次要树立认真、负责的态度。"负责任"这个原本应该是每个员工基本道德范畴的问题，却常常被蒙上"有麻烦"的盖头。于是，该负的责任不负，该执行的工作不执行到位，有的人忘记了自己的职责，丢掉了本

色，成为日常看不出来、关键时刻站不出来的与其工作岗位不符的人，导致工作执行不到位。

2006年2月2日晚7时30分（当地时间），一艘名为"萨拉姆98"号的埃及渡轮从沙特西海岸杜巴港起航，原定3日凌晨3时可抵达目的地——埃及塞法杰港，航程120海里。当时船上载有1300多名乘客和近100名船员。

"萨拉姆98"号离开杜巴港后失踪，它最后一次出现在雷达屏幕上的位置是杜巴港62海里外。很不幸，一场重大海难在红海发生——"萨拉姆98"号沉没了。事发时红海海域风急浪大，并伴有降雨，气候恶劣。据最新统计，事故中遇难或失踪者达1022人（失踪611人，找到411具遇难者遗体），只有387人获救。

"萨拉姆98"号沉船事件成了埃及人心中抹不去的痛。让人痛心的是，造成这次灾难的很大一部分原因就是船长不认真的执行态度。

让人无法想象的是，当时船舱起火，这位船长竟然决定让渡轮继续向前航行。而在危险来临的时候，船长居然头一个逃跑。

尽管各国海商法有关船长义务的具体规定不完全相同，但基本内容却是一致的，主要有：（1）保障船上人员的人身、财产安全。船长必须采取一切合理措施，保证航行安全，维持船上秩序，防止对船舶、船上货物或人员的任何损害。该义务与船长的指挥命令权是相应的。（2）救助人命。船长接到呼救信号或者发现海上有人遭遇生命危险，只要对船舶、船员和旅客没有严重危险，就应尽力救助遇难人员。船长违反该义务将负法律责任。（3）最后离船。船长在决定弃船时，必须采取一切措施，首先让旅客安全离船，然后允许船员离船，船长本人应当最后离船，并应设法抢救航海日志、轮机日志、无线电日志，以及该航次的海图、文件和贵重物品等。（4）完成并送交海事报告的义务。船舶发生海损事故时，船长应采取一切可能的措施，并完成海损事故报告书，说明事故详细经过，报送发生事故后最初到达港的有关航政主管机关。

而"萨拉姆98"号的船长无疑是用一种非常不认真的态度去执行属于自己的任务，没有任何责任感可言。也正是因为他的不认真态度造成了如此惨烈的悲剧。可见，当一个人用一种不认真的态度去对待工作的时候，会产生多么可怕的后果！

因此，我们每一个人，无论什么时候、在什么地方，都不要忘记自己的工作职责，一定要想办法，认真地执行到位。有一句话讲得好，"如果你能真正制好一枚曲别针，应该比你制造出粗陋的蒸汽机赚到的钱更多"。忠诚负责地对待自己的工作，无论自己的工作是什么，重要的是自己是否做好了工作，是否执行到位了。

事实上，只有那些不推卸责任的人，才有可能被赋予更多的使命，才有资格获得更大的荣誉。一个缺乏责任感的人，一个不能把自己的工作执行到位的人，首先失去的是社会对自己的基本认可，其次失去了别人对自己的信任与尊重，最终也失去了自身的立命之本——信誉和尊严。

清醒地意识到认真执行、执行到位的重要性，并积极地付诸行动，无论对于自己还是对于社会都将是问心无愧的。

做一个事事都能执行到位的员工，就一定要有认真负责的执行态度。因为没有这种态度，就无法真正执行到位。

依靠制度，让执行不打折扣

制度重于能力。执行过程中，任何人都不应有逾越制度的言行，这应该成为每位员工的座右铭。

执行力是推动工作、落实制度的前提。事实证明，制度制定以后关键是执行，再好的制度如果没有人执行或执行不到位也是没用的。作为一名员工，你的工作必须着眼于不折不扣的执行上。

工作中切忌不按规矩办事。虽然有许多企业制度制定得比较完善，并把制度编制成册，或经常把制度性的标语贴在外面，但是在制度的执行过程中往往变了样，"上有政策，下有对策"，员工有这种行为是极不可取的。

一家媒体曾针对"上班干私事"这一问题做过一个调查：

通过对235名员工进行的随机调查，发现大部分员工上班时间"干私事"。上班时间不干正事达到了调查人数90%以上的比例，大部分员工上班时间干多种"私事"，其中上网私人聊天和上网闲逛所占比例最高，达86%，做其他事情如出去走走等占60%，玩游戏和煲电话粥分别占到了40%和33%，兼职则占到了7%。

同时，调查显示，在8小时内用于"干私事"的时间为20-30分钟的人数最多，1-3小时人数占调查总数的20%，占用时间最多的为3小时以上，占调查人数比例的11%。另外，有15.55%的员工认为，办公室干私事时间视情况而定。

调查中发现，许多普通员工上班时间用于上网私人聊天、浏览与工作无关网站的最多，此外还有玩游戏、煲电话粥、上网炒股、兼职、利用工作餐时间请客等多种方式。而在白领阶层，上班时间在办公室"干私事"已成为一种风气。

白领林小姐是东莞一家银行的管理人员，她平时除了做自己的本职工作外，还有另外一份工作，就是在网上开一家小店，专门给一些白领提供网购服务。林小姐告诉调查者，网上开店是一件需要花大量时间的事情，需要到别的网站上去挑选适合自己店的东西，同时还要说服别人购买自己店里的物品，有时候说服一个客人要花上一两小时的时间。因此林小姐一上班就挂在网上，空闲的时候就上网浏览新鲜的东西，或者是和看上自己店里东西的顾客聊天，讲价钱，这部分的"私事"往往会花掉林小姐大量的工作时间。林小姐还告诉调查者，像她这样在网上开店的人不少，一般都是工作比较轻松、时间比较多的白领开的。另外，林小姐还告诉调查者，上网聊天这种事情就更不用说了，大家都明目张胆地聊，只有老板在场的时候才会稍微收敛一些。

在一家广告企业工作的李先生告诉调查者，现在上班时间上网聊天已经成为一种风气了，禁也禁不了，而且很多时候上网也和工作有关，大家以公谋私你也不知道。李先生的工作就与网络有关，必须上网，李先生认为，浏览新闻是必需的，联系客户的时候也需要聊天。

调查者在调查中同时发现，几乎所有企业对办公室"干私事"都明令禁止，可为什么"干私事"的情况还这么严重呢？一位肖小姐告诉调查者，企业虽然有明文规定，而且还有一些硬性措施，如在电话上面贴上"私人聊天不超过1分钟"字条，请人把企业的QQ端口给禁止了，但是只要老板看不到，电话照打不误，老板也没办法分出是私事还是公事，封了QQ，还有MSN、UT、TALK、旺旺等，同时还可以用其他软件上网聊天，而因为工作需要上网，又不能把企业的网线给断了，因此到最后企业规定形同虚设。

这个调查应该引起所有员工的重视。制度是员工个人成长的平台。有些员工没有认识到制度的重要性，他们以为规章、制度等规范都只是企业为了约束、管理员工的需要，对此他们往往持排斥的态度，表面上遵守，内心深处则是一百个不愿意，在没有监督的情况下，做出一些违背企业规章制度的事情。

每个员工都希望在企业有好的发展，要做到这一点，不仅要学会在制度的约束下成长，更要学会利用制度给予的资源发展自己，提高自己，增加工作业绩，得到领导和同事的认同。

　　企业好比是一个舞台，你如果不在舞台上表演，那么即使你有再好的演技，也难以表现出来。若是在舞台下展示你的演技，则是用错了地方，演得再好，也没人会认可你。员工要习惯在制度下工作，这是一种职业纪律，更是一种职业技巧，企业常常会通过制度安排把资源和荣誉给予那些模范执行企业规章的员工，如果你与制度格格不入，那么你是难以得到企业认可的。

　　企业的活力来源于各级员工良好的职业精神面貌、崇高的职业道德。在残酷的商业竞争中，企业需要营造员工自觉执行纪律的文化氛围，需要建立严格的制度和规范，这些制度和规范需要你去配合执行，这是任何一家企业都不可动摇的铁的纪律。同时，自觉执行企业纪律也是一个员工最优秀的职业精神。总之，员工应以制度为准绳，不折不扣地完成工作指标，坚决摒弃"上有政策，下有对策"的错误行为，以强化自身的执行力。

执行一次到位，不要重复

在执行过程中，最没有效率的事情就是第一次执行不到位，然后还要推倒重来。

在我们的生活中这样的例子很多。例如，往垃圾桶里扔一个棉签，想少走两步路，结果没有命中，只好弯腰捡起来再扔，做重复劳动。

第一次就把事情做对、做好、做到位，是一个良好的习惯。它会节省很多的人力、物力、财力，使我们少走很多弯路。在执行工作时，我们第一次哪怕多花点时间、多用些精力，也要把事情执行到位，一定要坚决避免一切无谓的重头再来！

要提高执行的效率，最重要的一个方法就是"第一次就把工作执行到位"。

歌德曾在他的叙事诗中讲过这样一个小故事：

耶稣带领他的门徒彼得远行，在途中他发现了一块破烂的马蹄铁，于是，耶稣便让彼得把马蹄铁捡起来。但是，彼得懒得去弯腰，假装自己没有听见。耶稣没说什么，自己默默地捡起马蹄铁，然后用它换来3文钱，之后又用这钱买了18颗樱桃。

两人继续往前走，后来经过一片茫茫荒野的时候，彼得渴坏了。于是，耶稣就故意让藏在袖子中的樱桃掉出一颗，彼得看见，赶忙捡起来就往嘴里塞。耶稣边走边丢，彼得也就狼狈地弯了18次腰。到达目的地的时候，耶稣对彼得说："当初你弯一次腰，就不会有后来没完没了地弯腰了。"

弯腰是再简单不过的事情了，但是彼得没有去执行，所以，之后不得不重复同样的动作。在实际的工作中，有时即使是最简单的工作，也有人不能够一步执行到位。

福特企业也是这样要求员工的。在整条流水生产线上，每一个零配件

生产出来之后，马上就被送去组装，因为没有库存，任何一个环节出了问题，都会导致全线停产，所以必须要求第一次就把工作做到位，对此，没有任何回旋的余地。

不过，我们在力求"第一次就把工作做到位"时，也应多注意一些细节，比如在分工合作时，用词一定要准确，切忌含糊、笼统，否则，模糊的语言就有可能影响工作的有效执行。

在一次工程抢险中，技术员小刘和同伴们在紧张地工作着。这时，小刘急需一把螺丝刀，便对离自己最近的小张喊道："快，去拿一把螺丝刀来。"小张飞奔而去，但小刘等了很久，小张才气喘吁吁地跑了回来，他手里拿着一把小号的螺丝刀，"我认为你最需要的是这把，所以就拿来了。"

小刘接过来一看，生气地说："谁让你拿小号的，我是要最大号的！你怎么连这都不知道呢？"

小张没有申辩，但他心里很不高兴。此时小刘突然意识到，自己让小张去拿螺丝刀时，并没有明确地告诉他自己需要最大号的。小刘知道出现错误的根源在自己，因为他没有具体地说明自己需要什么样的螺丝刀。

于是，小刘抱歉地对小张说："我要的螺丝刀是工具箱内最大号的那把。"这次，小张很快就拿着小刘要用的螺丝刀回来了。

一次没有执行到位，不但会因此而浪费时间不断去补救，甚至可能把一家极有前途的企业击垮。或许有人会说，"第一次没做到位没有关系，还有机会"。的确，第一次没做到位，在下一次可以接着做，但是这样既浪费时间又浪费精力。如果没有及时发现错误，就会给自己和他人都造成巨大损失。

在工作中，第一次就把工作执行到位，不做重复工作是提高执行效率的第一步。

到中国一汽大众的现代化车间参观过的人，都会在感叹那里汽车流水线现代化的，同时发现在车间的醒目位置上，有一排巨幅广告"第一次就把事情做对"。

很多人都不理解，怎么这么"现代"的车间里，竟然会有这么"不客观"的广告？看到这样的广告，不禁让我们思考：第一次就把工作执行到位，可能性到底多大？

　　静下心来想一想，我们不禁为一汽大众的广告所折服：要把工作执行到位，需要多少次？是四次，三次，还是几次呢？答案当然是：一次！

　　一步到位，不要做重复工作，是企业对员工的期待，他时时刻刻提醒员工要尽最大的可能，在接手每一件事情时，抱着"一次就做对"的信念。

　　一步到位，不要做重复工作，是提高"质量"品质的必然要求，只有"第一次就做对"，才可能减少废品，保证质量。

　　一步到位，不要做重复工作，需要员工有扎实的职业技能基础，需要员工对工作有充分的准备。

　　很多人在工作中都遇到过越忙越乱的情况，在忙乱中造成的错误，轻则自己手忙脚乱地改错，浪费大量的时间和精力，重则返工，给企业造成经济损失。

　　第一次没把工作执行到位，忙着改错，改错时又很容易制造新的错误，恶性循环的死结越缠越紧。在"忙"得心力交瘁的时候，我们是否考虑过这种"忙"的必要性和有效性呢？

　　再忙，也要停下来思考一下，使巧劲解决问题，而不盲目地拼体力。第一次就把工作执行到位，把该做的工作做到位，这正是解决"忙症"的要诀。

将严格执行制度作为一种常态

一个企业，制度能不能得到彻底执行，领导者是关键。

执行制度是制度由理想到现实的重要环节，制度执行的好坏往往受到执行者主观因素的影响和制约，严格按章办事、减少不利于制度执行的各种主观因素是走出制度执行难的重要途径。

首先要强化执行力度，确保制度能够有效实施。一项制度设计出来了，如果没有一定的配套保障措施，仅由被执行者主观好恶、素质高低来影响制度执行效果，制度很难得以兑现，可能会停留在"耶稣的归耶稣，基督的归基督"的尴尬局面。强化制度执行力，一是要求执行者具备较高的思想道德品质，能够模范遵守各项规章制度，可以独当一面，充当一面旗帜；二是要求制度具有现实可操作性，便于理解和执行；同时研究一项制度的同时，有必要考虑好该项制度的配套机制，能够辅助和保障某项制度的实施。

其次要强化示范作用，领导者带头先行。领导者带头严格执行制度，不走关系门、不做损公事，制度在执行中起到了应有的效果，在员工面前树立起良好形象，这样领导者在制度层面的魅力也就体现出来了，当这种个人权威树立起来后，被执行者的积极性也被调动起来了，以此为契机，进一步形成领导带头、人人遵守的制度执行模式。在强调领导者要带好头的同时，对于一些无视规章制度、无视群众利益的人，应给予一定的规制，避免一些人走"制度外"路线，或利用权力扭曲制度的实施。

最后要强化监督效果，对制度执行情况进行动态监督。制度执行力在一定程度上也属于公权力的范畴，缺乏监督的执行权容易在暗箱中变形走样，有时甚至会成为单向制约被执行一方，在制度执行上有失公平。为了强化监督效果，有必要研究制定监督方面的机制和保障措施，形成刚性监督，实现预期效果。

第11章

制度的能量靠高效率执行来释放

没有人喜欢效率低下、办事不力的人，所以，在工作中必须追求最有效率的行事方式。无论做什么事情，只有高速度、高质量地执行到位，才能立于不败之地，快速行动才能全面生存，更好生存。为了在竞争中占有一席之地，必须要加快自己的脚步，效率第一，赶在对手前面抢得先机，这样才能时时处于主动地位，为自己赢得更多机会。

企业的活力决定效率

以前，"管理"这个词还不为人所重视。欧洲与北美的纺织、机械及钢铁厂里，让企业家们头疼的不是市场竞争，不是人才的选拔和开发，也不是跨国经营带来的组织和文化等一系列问题，困扰他们的问题是工人们在工作中偷懒、消极怠工，导致劳动效率低下，产量难以提升。为此，企业主不得不耗费大量成本来雇佣监工，向工人支付很低的报酬。

对此，曾做过工人、监工、技师，并最终被提升为工长、总工程师的现代管理之父泰勒深有体会。他意识到，要改变现有状态，就需要运用科学的方法找到正确的工作方式和方法，对工人进行专业技术的培训，训练工人按照标准化的、正确的方式工作，并对那些完成定额的工人付给较高的报酬，未完成定额的工人则只能拿到较低的报酬。

进入21世纪以后，沃尔玛和戴尔的迅速崛起以及GE的持续活力使人们再次把目光放到提升工作效率上。

沃尔玛和戴尔的增长速度让人眼红，但是他们的战略构想却平淡无奇，在两个被认为已经不再具有吸引力的行业：零售业和计算机制造销售业，他们所做的仅仅是比竞争对手更有效率，因而成本也能够控制得更低。与之相对应，凯玛特和康柏这对昔日的巨人却纷纷败下阵来，无论是从原有的基础、拥有的资源和企业战略等各个方面来揭示沃尔玛和戴尔的成功都很难具有公信力，其实他们的成功是源自各个经营操作环节一点一滴的积累和进步，无怪乎有人惊叹，"无它，唯执行力耳。"

而像GE这样的老字号能够青春常驻同样引人瞩目，GE前任首席执行官杰克·韦尔奇谈及这个话题曾经骄傲地说，"任何新的战略都能够迅速在GE按部就班地不折不扣地得到实施，在GE，战略分析、战略决策和战略实施已经融为一体，这是GE区别于很多一般企业的地方，没有强大的执行力，没有一个至上而下、贯穿各个层级的执行经理团队，GE是很难做到

这一点的"。

由此我们得出一个深刻的结论：在未来极具不确定性的情况下，企业战略变更将异常频繁，这就是所谓的计划赶不上变化，同时信息的获取却相对容易，并且在同行业之间很难有秘密可以保守，在这种情形下，各个企业战略趋同现象非常普遍，决定成败的关键因素越来越从战略的制定转向战略的实施，即企业在复杂的内外环境下，高效执行战略的能力。速度和创新成为新时代的关键词，当你比别人早一天推出新产品，当你比别人多推出一项新产品都可能带来生机，而速度和创新都在极大程度上取决于企业内部运作过程中的效率，尤其在管理智慧已经高度发达且被广泛掌握的情况下。

但是，执行效率或者说执行能力的提升并不是那样简单，它受到各种因素的制约。它主要体现在两个层面——组织层面和个人层面。在组织层面，组织的制度、机制和流程以及文化、组织结构等都蕴含着执行要素，这需要上至企业高层经理，下至主管，各层级的经理按照效率目标不断加以充实和改进，使完成任务的活动能够在顺畅的组织环境下进行。

而在个人层面上，每一执行者都应当具备积极的心态，以任务为导向，并具备高效完成任务的知识和技能。归根结底，两个层面的执行能力都要归结于企业的经理群，当这个经理群能够被称作执行经理群时，企业的执行能力才能够真正得到保证，而如何培养执行经理也必然成为企业和管理培训机构需要携手解决的问题。

"效率决定命运，执行成就未来"。

执行制度并不是瞎忙

"执行力"一词最早流行于国外企业界，由哈佛大学商学院教授保罗·托马斯和杜克大学商学院教授大卫·伯恩提出，于2003年引用到我国管理领域。执行力是指各项政策、战略制定完成后，为实现目标采取的手段和方法，以及在此过程中所体现出来的能力和精神，包括两个方面：一是个人的执行力，二是组织的执行力。近年来，这一理念逐步向经济、政治、社会、文化等领域渗透，并被不断赋予新的内涵。

对企业来讲，执行力是竞争力；对军队来讲，执行力是战斗力；对政党来讲，执行力是生命力；对政府来讲，执行力就是依法行政、服务人民的能力；对领导者来说，执行力是抓落实的实际能力。领导者执行力，就是全面、深入、准确地落实到各级组织，确保完成和超额完成各项目标任务的能力。它是一种综合能力，体现的是工作作风、精神状态，包括制度领悟力、实践结合力、团队协作力、持续创新力、沟通协调力、过程控制力、矛盾化解力等诸多方面。

那么，究竟是什么在决定一个人的执行能力呢？

古罗马皇帝哈德良手下的一位将军，觉得自己应该得到提升，便以他的长久服役为理由，提出"我应该升到更重要的领导岗位"，他说："因为我经验丰富，参加过10次重要战役。"哈德良皇帝随意指着绑在周围的战马说："好好看看这些马，它们至少参加过20次战役，可它们仍然是马。"

经验与资历固然重要，但并不是衡量能力才华的标准。年复一年地重复类似的工作，固然会变得很熟练，但可怕的是这种重复已然阻碍了心灵，扼杀了想象力与创造力。

在日常工作中，你可能经常看到这样的情形：老总安排同样性质的工作给两位员工去做。为了做好这个工作，其中一个员工每天提前来上班，

推迟下班，而且周末也不休息，身心憔悴，愁眉苦脸。但是另外一个人从来都不加班，每天只把该做的事情做好，然后将进度告诉老总。结果辛苦工作的那个人最终还是没有达到老总的要求，而另外一个人则得到了老总的表扬。

以前，很多人总结个人业绩时总喜欢说"没有功劳也有苦劳"，"老黄牛"型的员工曾经是备受推崇和赞赏的。但现在的情况是，老总越来越重视能出业绩、有功劳的员工，而不喜欢一天到晚辛辛苦苦最后却没有任何成绩的员工。企业里最重视的是你的"功"，而不是你的"劳"，作为一名员工，你要追求的不是"苦劳"，而是"功劳"。仅会埋头苦干、不问绩效的"老黄牛"时代已经过去了，我们需要高效的忙碌。

有一个很自信的健壮青年来到一处伐木林场找工作，看见门口高悬着一块告示，上面记载了某个人一日劈柴的最高纪录。这位青年很有把握地向林场主表示：虽然他没有算过自己的纪录，但只要给他三天的时间，他自信能打破最高纪录。林场主听了很高兴，便给他一把利斧，并表示愿意提供破纪录奖金，大家也对他寄予厚望。

第一天，年轻人很努力地劈柴，果然不负众望，离最高纪录只差一点点，他心想：只要我明天早点起床，再努力点，打破纪录一定没有问题。

第二天，他起得很早，并且更卖力，但没想到成果却比昨天差了。他想：一定是睡眠不足、体力减退的原因。所以他当晚很早就睡了。

第三天，天未亮，他便精神抖擞地开始劈柴，比前两天更认真，但一天下来，他劈的柴却比昨天更少了。

那位年轻人觉得很奇怪，他那么努力，为什么劈的柴却越来越少？林场主也很纳闷地和大家一起思考。最后大家发现，虽然给了年轻人上好的斧头，但这把斧头一连三天都没有磨过，所以越用越钝。

一味蛮干是笨人才会做的事情。不肯动脑筋思考事情的重点在哪里，从何处着手才能收益最大，仅仅是苦干，那么往往是费力不讨好。

这是一个追求效率的时代，满大街都是忙忙碌碌的身影。所以，工作时就应该随时保持一种紧迫的精神状态，力求以最快的速度解决好手头上的事情，把节省出来的时间用来做别的事情，以提高工作效率。

但是，几乎所有的人都习惯于忙碌，却忘记了一件最重要的事——工作价值判断。许多人投入大量时间和精力干的工作却可能是所谓的"垃圾工作"。另一方面，所有的人都忙碌的企业并不是真正有效的企业，这样的企业虽全力为现在奔忙却没有未来，它失去了保持组织灵活性和创新能力的"空间"。

在工作中当忙碌得有些无奈的时候，想想看自己做的是不是有意义，哪些可以收获现在和未来，哪些是重要的，哪些不是，按照自己的价值取向作出选择。

明白了哪些是需要做的，哪些可以不做之后，你仍然有可能陷入瞎忙的陷阱。这时候，你需要学会抓住重点，才能卓有成效地落实。

任何工作都讲究方法技巧，发现问题，并针对问题给出相应的解决措施，才能迅速高效地完成任务。在这个追求效率的时代，做事抓重点，方能事半功倍。

执行讲效率，结果论成败

做企业应该"执行讲效率，结果论成败"。那么，我们该如何理解"执行讲效率"？

现代人都已经认识到了"时间就是金钱"。高效率的工作就是对时间最好的尊重。在面对既定的工作和任务的时候，任何人都必须坚定不移地执行。而不应当在执行中或是寻找借口，或是推诿扯皮，影响执行的效率和执行的进展。作为企业的员工，要明确企业既定的工作和任务是管理层集体智慧的结晶。我们对待每一项工作，对待每一个具体的任务，第一反应都应该是我们将如何一步一步地去完成它。而不应该在接到工作和任务的时候，先是考虑这样的工作和任务有没有意义，或者认为这不是自己分内的工作。要明白，在企业内部，每一个人都是企业的组成部分，工作并无分内分外之说。

作为企业的员工，我们不但要把每一项工作认真地完成，更应当在每一个环节、每一个细节上都以最快的速度，按时、保质、保量完成任务。企业就像一台高速运转的机器，每一位员工都是这台机器的重要一环，环环相扣。机器的任何一个环节出了问题，都会影响机器的正常运转。所以，也就要求我们每一位员工在自己的岗位上要做好自己的本职工作。

市场经济条件下，企业与企业之间的竞争，实质就是执行效率的竞争。企业只有保持快速、高效的运转，才能在市场竞争中立于不败之地。

现在，再让我们解读什么是"结果论成败"。

执行只是过程，关键还是要看结果。在执行的过程中，尽管速度很快，也迈出了实质性的步伐，甚至整个执行的过程看起来是完美无缺的。但是，真正追求的不是执行的过程，而是执行之后的结果。执行之后的结果是不是达到了预期的目标是判定执行力强弱的重要依据。简而言之，就是对于工作和任务，不但要去做，而且要做好。

之所以特别强调"结果论成败"，是因为企业经营不是纸上谈兵，更不是搞辩论会。不是你说服我或者我说服你的问题，也不是说你的计划书写得有多好，有多么完美，就能够赢得市场，赢得客户。没有达到好的结果，执行的过程看起来再完美，也没有任何意义。

　　执行力是企业成功的一个必要条件，企业的成功离不开好的执行力。为了我们企业的长久发展，为了顺利地实现我们的五年战略规划，我们每个人都要提升执行能力，不折不扣、一丝不苟地执行，按时、保质、保量完成工作任务。只有这样，我们的企业才能发展得更好，个人才能得到更多的机会，实现更多的梦想。

想要高效率，必须专注

"天下之事，不难于立法，而难于法之必行"。一项再正确的决策，再完美的方案，也会"死"在执行力弱的领导干部和执行人手中。美国ABB企业董事长巴尼维克说过："一位领导者的成功，5%在战略，95%在执行。"可以说，执行力决定事业的成败，意义极端重大，而效率则是提升执行力的关键因素。

曾经有一位父亲带着三个孩子迈克尔、大卫、劳，到森林去猎杀野兔。

到达目的地以后，父亲问迈克尔："你看到了什么？"

迈克尔回答："我看到了猎枪、野兔，还有森林。"

父亲摇摇头说："不对。"便以同样的问题问大卫。

大卫回答说："我看到了爸爸、迈克尔、劳、猎枪，还有树林。"

父亲又摇摇头说："不对。"又以同样的问题问劳。

劳回答："我只看到了野兔。"

父亲高兴地说："答对了。"

工作就如同打猎一样，你必须专注，哪怕一秒钟的分神，都会使"猎物"跑掉，或失去机会，最后一无所获。你在一项计划上用了多少时间并不重要，重要的是，你是否从一开始就能"连贯而没有间断"地去做好事情。

太阳普照万物，并不能点燃地上的柴火。但有凸透镜就可以了，只需要区区一小束阳光，长时间地聚集到一点上，即使在最寒冷的冬天也能把柴火点燃。

同样道理，最弱小的人，只要集中力量于一点，也能得到好的结果；相反，最强大的人，如果把力量分散在许多方面，也会一事无成。学会聚集你的能量，让它爆发，定会有雷霆万钧之势。一个人如果能够长时间地把精力集中于一个点上，定能取得惊人的成功。

"天才就是不断的注意。"著名的科学家牛顿就是个注意力高度集中的人。牛顿一生中的绝大部分时间是在实验室度过的。每次做实验时，牛顿总是通宵达旦，注意力非常集中，有时一连几个星期都在实验室工作，不分白天和黑夜，直到把实验做完为止。

有一天，他请一个朋友吃饭。朋友来了，牛顿还在实验室里工作。朋友等了很长时间，肚子很饿，还不见牛顿从实验室里出来，于是就自己到餐厅里把煮好的鸡吃了。

过了一会儿，牛顿出来了，他看到碗里有很多鸡骨头，不觉惊奇地说："原来我已经吃过饭了。"于是，牛顿又回到了实验室工作。牛顿把注意力高度集中到了做实验上，竟然会忘记自己有没有吃过饭。正是这种高度集中的注意力，使牛顿在科学的领域建立了丰硕的成果。

因此，一个人做事一定要专注。培养做事专注的习惯，会对一个人的一生产生重大的影响。

专注出效率，这是衡量一个人注意力好坏的标志。所以，一个人只有专注于一个目标，才能在这个目标上取得成功。

"年轻人事业失败的一个根本原因就是精力太分散。"这是戴尔·卡耐基在分析了众多个人事业失败的案例后得出的结论。事实的确如此，许多生活中的失败者几乎都在好几个行业中艰苦地奋斗过。然而如果他们的努力能集中在一个方向上，就足以使他们获得巨大的成功。确实，专心致志是很多人取得事业成功的一个重要原因。

有位在生意场上颇有成就的朋友，总是随身带着一个记事本，明天及下阶段要做些什么事都一一标明，每天临睡前做一番清点。日程排得满满的，每时每刻都明确下一步要做什么，有事就抓紧去做，这么一种习惯大概是他成功的一个重要因素了。

谁都知道时间的宝贵，但一些人总或多或少处在一种没有努力目标和无视效率的浑浑噩噩的状态。成功人士有很多做得突出的地方，他们往往有一个常人能做到却容易忽视的共同点，那就是他们时刻都清醒自己该做什么，要做什么就抓紧去做，哪怕是些生活琐事。成功者往往是在点点滴滴成功的日积月累中形成自己的办事作风，积累办事的经验，最后成就事

业的。

我们羡慕成功者，然而自己在生活中总是另一副模样。有的满足于现状而失去创业的理想和激情，像一颗随遇而安的浮萍，沉迷于一个生活圈，局限于一种自我感觉良好的状态；有的为自己设计了一个又一个理想和目标，可是在片刻的激情和雄心之后，却成为行动的矮子，或是朝三暮四、朝秦暮楚，或是虎头蛇尾、有始无终；更多的人像悬浮在水中做"布朗运动"的花粉，东瞧瞧、西撞撞，每做一件事前似乎都有理由和目的，但回过头来看看串连成的轨迹，杂乱无章，没有任何意义。

所以，不管你想或做什么，就好好地把焦点放在你想或做的事情上。当你和人们谈话的时候，就一心一意地谈话；当你工作的时候，就把心思放在手边的工作上。全神贯注，会帮你做好工作，也会让你离成功更近。

乔治到福特公司的前几年，抱着许多不切实际的幻想，当然，这些幻想全部破灭了。乔治把钱全投在股票上，到最后这些钱变成了一堆废纸，生活凄惨，乔治住进了一家便宜的汽车旅馆。乔治从朋友处借了1000美元，买了一张沙发和一张床。冬天很冷，汽车的车厢里并不比外面好多少。乔治只好一件又一件地加上毛衣。

终于，乔治得到了一个机会。福特公司要研制和设计一种新概念车，为此将建立一个崭新的实验工厂，乔治将加入这个团队。

这个团队由约翰·卡梅隆博士主持，他是一位经验丰富的长者。乔治主要是设计汽车底盘上的一个小零件，并在本地的一家机器加工车间制作。乔治把自己的全部精力放在了这个小零件上，从它的尺寸到性能，都近乎苛刻地要求完美，他对这个小零件不断地进行完善。他希望自己可以从这个小小的零件上开始自己新的人生，结果，乔治的努力没有白费，在参与这个团队的过程中，博士看出了乔治的专注与执著，也看出了这个年轻人无可限量的前途。几年之后，你再也找不到那个在汽车旅馆生活窘迫的乔治了，他成功地迎来了人生的辉煌。回首往事，他不无感慨地说："我的成功是从那个小零件开始的，我从那时起学会了心无旁骛，专心致志。"

过去只是现在的残存，无法也没有必要再挽留；未来是现在的延续，一个人没办法提前左右未来。唯有现在，才是真正能把握住的。专注于目前在做的事，全神贯注地投入每一瞬间，这时候，你的感官高度灵敏，你的意识也会无比细腻清晰，你就能充分捕捉和感知周围的一切，并深深地品味此刻的种种美妙。

　　专注，可以帮助你精力充沛地完成工作。心无旁骛，一心一意，才能卓有成效地把一件事情做到最好。

日事日毕，日清日高

"日事日毕，日清日高"是海尔的口号。在海尔的全面质量管理当中，最重要的一个原则就是"三全"的原则，即全面的、全方位的、全过程的。全面质量管理主要是全员参与的管理。在整个质量管理过程中，海尔采取了日清管理法，就是全面地对每人、每天所做的每件事进行控制和清理——日事日毕，日清日高。今天的工作今天必须完成，今天完成的事情必须比昨天有质的提高，明天的目标必须比今天更高才行。

其实，"日事日毕，日清日高"不仅对于企业管理很重要，对于员工个人来说也非常重要，坚持这个原则，可以保证我们的工作有序且保质保量地完成。

工作就像滚雪球，如果你不及时清理，就一定会越堆越多。提高工作效率的诀窍在于尽量每天都完成当天的工作，这样在第二天你就不会背上过多的包袱。

下面我们来看看海尔以"日事日毕，日清日高"为核心的OEC管理法。OEC管理法，即英文"Overall Every and Clear"，O—Overall（全方位）、E-Everyone（每人）、Everything（每件事）、Everyday（每天），C—Control（控制）、Clear（清理）。"OEC"管理法也可表示为：每天的工作每天完成，每天的工作要清理并要有所提高，即"日事日毕，日清日高"。

这个OEC管理法由三个体系构成：目标体系——日清体系——激励机制。首先是确立目标，而"日清"是完成任务的基础工作，"日清"的结果又必须与正负激励挂钩才有效。它的实施需借助于一个"3E"卡，将每个员工每天工作的七个要素（质量、产量、物耗、安全、文明生产、工艺操作、劳动纪律）量化为价值，员工收入就跟这张卡直接挂钩，每天由员工自我清理计算日薪并填写记账，检查确认后交给班长。不管几点钟下班，不管多晚，班长都要把签完字的卡拿回来，再签上自己的名字交给车间主任。这样的工作要求天天写、月月填，所以这个管理法的执行过程是非常枯燥的。但海尔一直到目前为止还在一直坚持。

在海尔，案头文件，急办的、缓办的、一般性材料的摆放，都是有条有理、井然有序，临下班的时候，椅子都放得整整齐齐的。

它们的"日清"系统包括两个方面：一是"日事日毕"，即对当天发生的各种问题（异常现象），在当天就弄清原因，分清责任，及时采取措施进行处理，防止问题积累，保证目标得以实现；二是"日清日高"，即对工作中的薄弱环节不断改善、不断提高，要求职工工作效率"坚持每天提高1%"，70天后工作水平就可以提高一倍。

对海尔的客服人员来说，客户对任何员工提出的任何要求，无论是大事还是鸡毛蒜皮的小事，工作责任人必须在客户提出的当天给予答复，与客户就工作细节磋商，达成一致，然后毫不走样地按照经商的具体要求办理，办好后必须及时反馈给客户。如果遇到客户抱怨，投诉的情况时，需要在第一时间加以解决，自己不能解决时要及时汇报。

从上面的介绍中我们可以看到，在众多的企业中，海尔是"当日事当日毕"的一个典型代表。我们并不是要建议你照搬或者模仿海尔的做法，而是想让你成为"日事日毕，日清日高"的高素质、高效率人才。

无论是"日事日毕"还是"日清日高"，其主要的核心还是在于提高工作效率，切实有效地搞好工作的落实。要想达到这个要求，首先就要形成一种不拖拉的工作作风，今天能完成的事绝不拖到明天，该完成的工作尽可能提早完成；其次还要保证工作能够有序地进行，做到"日清日高"。

"日事日毕"至少包含了两点关键因素：合理的计划和良好的执行力。

合理的计划要求你充分掌握自己的情况，并对工作进行正确认识，并充分预测可能的风险，合理的计划还是执行的前提，不要把计划制定得连超人都完成不了。

现在的工作往往计划性十足，按照一个规范的管理流程，在项目初始就执行了N多种计划，首先从工期和质量去考虑，然后划分版本、大的

里程碑安排、沟通、培训、开发、部署、测试等。在第一次把计划做完之后，所有人都会认为，看我们这个计划多么合理啊，看来我们能够在指定的时间内完成我们的目标了。

事实真的如此吗？当然不是，总是有多种因素的影响，让我们的各种计划，特别是每天的进度，总是不能如人意。诸多的会议总是频繁召开着，因为我们大家都知道，沟通是多么重要，但谁也不知道这种会议是做什么的。有些人在努力地工作着，也有些人会丢失了每天的工作方向，不知道自己的目标在哪里。在拥有了诸多规范和计划措施以及原则之后，我们把"日事日毕"丢了。

如果工作没有时间限定，就如同开了一张空头支票。只有懂得用时间给自己施加压力，才能及时地完成任务。所以最好制定出每日的工作进度表，记下事情，定下期限。每天都有目标，也都有结果，"日清日新"。知道自己每天要去做什么，才能谈得上关注目标，才能发现各种复杂的因素到底是如何影响我们每个人每个时刻的工作的。

所以，从现在起就下定决心、洗心革面。拿支笔来，将底下对你最有用的建议画条线，并且把这些建议写到另一张纸上，再将它放在你触目可及的地方，如此可有助你完成改革行动。

（1）列出你立即可做的事。从最简单、用很少的时间就可完成的事开始。

（2）持续5分钟的热度。要求自己针对已经拖延的事项不间断地做5分钟，把闹钟设定每5分钟响一次；然后，着手利用这5分钟；时间到时，停下来休息一下，这时，可以做个深呼吸，喝口咖啡，之后，欣赏一下自己这5分钟的成绩。接下来重复这个过程，直到你不需要闹钟为止。

（3）运用"切香肠"的技巧。所谓"切香肠"的技巧，就是不要一次吃完整条香肠，最好是把它切成小片，小口小口地慢慢品尝。同样的道理也可以适用在你的工作上：先把工作分成几个小部分，分别详列在纸上，然后把每一部分再细分为几个步骤，使得每一个步骤都可在一个工作日之内完成。每次开始一个新的步骤时，不到完成，绝不离开工作区域。如果一定要中断的话，最好是在工作告一段落时，使得工作容易衔接。不论你是完成一个步骤，或暂时中断工作，记住要对已完成的工作给自己一些奖励。

（4）把工作的情况告诉别人。让关心这份工作的人知道你的进度和预定完成的期限。注意"预定"这个词汇，你要避免用类似"打算"、"希望"或"应该"等字眼来说明你的进度。因为这些字眼表示，就算你失败了，也不要别人为你沮丧。告诉别人的同时，除了会让你更能感受到期限的压力外，还能让你有听听别人看法的机会。

（5）在行事历上记下所有的工作日期。把开始日期、预定完成日期以及其间各阶段的完成期限记下来。不要忘了切香肠的原则：分成小步骤来完成。一方面能减轻压力，另一方面还能推动你前进。

（6）保持清醒。你以为闲着没事会很轻松吗？其实，这是相当累人的一种折磨。不论他们每天多么努力地决定重新开始，也不管他们用多少方法来逃避责任，该做的事，还是得做，压力不会无故消失。事实上，随着完成期限的迫近，压力反而与日俱增。所以，你千万不要拖拉，把今天的事留给明天去做，那样只会让你有更大的压力。

第12章

让制度与文化融合

——善用企业文化来影响员工

　　企业制度和企业文化在组织的发展过程中相互促进，每个组织都应将二者紧紧结合起来，达到企业管理制度与企业文化的有效融合，将员工个体的积极性凝聚成巨大的群体力量，从而使企业增强活力，提高经营管理水草和竞争力，实现企业的可持续发展

企业的执行力产生于企业文化中

企业的执行力产生于企业文化理念中，同时又反作用于企业文化，所以，成功的企业应该首先将执行力、执行意识融入企业文化理念中。

没有执行文化理念的企业不会有自觉的执行力，即使有，也是一种被强制的执行。如，老板让8点上班就8点上班，让周六加班就周六加班，虽然形式上执行了，但员工内心并不一定认同。这样的企业没有执行的文化理念，这种强制的执行是没有力量、没有效果的。只有将执行力融入企业的文化理念中，才能收到良好的效果。

塑造强落执行文化，我们首先应该崇尚的是求实的作风。唯有求实才能把工作落到实处，也才能赢得客户的信赖。求实也是执行的一项最基本的原则。一个具有浮夸之风的企业无论如何都不可能成功，任何取得巨大成就的优秀企业无一不在保持着工作的求实之风。

企业迅速发展的动力

企业文化主要是指企业的价值观念体现在企业的行为上面。随着经济全球化进程的加快，越来越多的企业开始认识到企业文化是十分重要的，企业的动力及凝聚力都来自于企业文化，技术不过是一个平台而已。缺少一套成功企业文化的企业，生命力也是有限的。

企业文化不是企业的口号，需要企业中每个员工的学习、认同。文化最初是一个理念，然后通过种种机制，正式变为每一个员工的行为。比如，为实现"客户满意是我们的第一大责任"的理念，每年聘请一个顾问对企业进行调查、打分，结果直接关系到员工的薪水，长期下来理念就慢慢形成了文化。对于一个有五六个人的企业来说，很容易形成默契，产生文化就较容易，但对于一个具有5000名以上员工的企业，沟通与形成默契只有靠一套制度将每个人联系起来。

在成功的因素中，技术是很重要的一点，但是技术不能成为企业的主宰，这样不易看到市场的变化，容易偏离市场。成功的关键是客户，客户决定一切。因为产品是由客户决定的。客户随时变化的要求就是一种市场信息，指导企业的发展方向，企业必须适应这种情况而相应变化。

企业文化要形成价值观，形成环境。应该讲求从正面看问题，不断学习，自我提高，以员工间的竞争来评价其价值，这样的竞争就会给企业带来活力。

员工的态度是企业文化的一方面。要让员工总是积极地看问题，认识到挑战也是机会，失败也是机遇。常言道：生于忧患，死于安乐。保持健康的危机感是企业不断追求更高目标的一个前提。

作为管理者，怎样奖励员工？在中国，曾经奖励的唯一办法就是提升，而事实上是不合理的。管理者应当知道：管理只是一个职位，因而不应成为奖励的一种。企业中每个人都是平等的，权力不是来自于地位，而是能力，个人影响力来自于个人能力，而不是地位，重要的是让每个员工在适合自己的岗位上发挥最大的才干。

信任是管人的核心法则。信任每一名员工，信任企业创造的文化，将工作的主动权交给员工，给员工便利去创造企业的利益。企业文化应该是企业中每个员工都认同的一种观念、一种制度。好的企业文化能调动员工最大的能量。

不少人事经理在谈及员工年终奖的发放问题时，大多持有类似的困惑：单位里一些平日表现优秀的员工在领取一叠厚厚的年终红包时，似乎并不显得那么兴高采烈，相反他们的言辞之间竟透露出一丝丝的不满意。这是为什么？如果稍作分析就会发现，之所以会出现上述原因，是由于一些企业在激励机制上忽视了最为重要的一点，那就是将优秀的企业文化作为员工待遇的一部分。

谁都晓得，人的欲望是无穷尽的，有限的物质激励或金钱永远无法满足人的无限需要，这种需求，只有用无限的文化或精神给予满足。自我价值的实现是人的价值的最高体现。因此，优秀的企业文化应该成为企业员工待遇的一个重要部分。

企业文化作为一种待遇，应该从以下几方面去考虑：企业的品牌、企业形象。就是说一个好的企业品牌或企业形象，会给每个员工带来许多益处；企业的经营管理经验或技术技能；企业提供的良好的人际关系、行为规范、积极向上的敬业精神、实事求是的办事作风；企业提供的良好的培训条件，这是企业给员工的隐形收入。以上种种都应该看成是企业给员工的待遇，因为企业因营造这些东西而付出过。

建立企业文化，最重要的是如何确立企业的价值体系或薪酬体系，这也是企业文化的核心问题。首先，企业的决策者要深刻地领会到企业文化建设的完整与否直接关系到企业的战略实施、人员的结构、效益的好坏。再次，是要使员工深切地领会到有形的待遇，比如工资、福利、权利、股份、期权是待遇的一方面，是对以前的终结。无形的文化待遇是对促进员工自身的增值，是面向未来的资本。同时企业本身也应该正确地看待建立或营造优秀的企业文化对企业的发展和完善新的价值体系的重要性，只有这样，企业文化才能真正地得到实现。

那么，是否能进行合理的文化分配呢？这可以从以下几方面考虑：首先，应当鼓励广大的员工感受和体会企业文化给大家带来的益处，树立企业文化是一种待遇的观念；其次是有意识地设立企业文化奖，包括优秀标兵、技术能手、劳模、企业功勋等奖项；再次是明确长短期的学习培训、晋级、度假旅游是一种奖赏；另外，还可以设立奖励某种特别"概念"的机制。

构造现代企业文化

　　怎样构造现代企业文化？方式是多种多样的，比如，善解、包容、感恩是企业文化的重点，是企业凝聚力的核心所在，除此之外要做的工作还有很多。

　　首先，要精心策划，培育企业理念。如果将企业文化中的精神文化层再细分两个层次，包括企业精神和企业理念。企业理念是企业精神的高度概括和理性总结。它是企业的"聚光镜"，照耀着企业前进的方向；它是组织灵魂，统帅着企业的整体行为；它是企业文化的"原子核"，可裂变出精神文化层、制度文化层和物质文化层。

　　美国的宝洁公司，从1837年创立以来，其创始人威廉·宝特倡导并培育的"应该怎么做就怎么做"和"事在人为"的企业理念，被历届领导人所尊崇并精心呵护，至今仍然是每一个宝洁人遵守的金科玉律。正因为如此，宝洁企业160多年来长盛不衰，被公认为世界化妆品和家用洗涤行业实力最强的企业。

　　企业理念不是简单的几句口号，而是一种由企业家倡导，全体员工参与，在不断总结自身优秀文化的基础上，通过导入深刻内涵，精炼文字而成的，所以，每一个企业，如果想要建成优秀的企业文化，就应首先精心策划、精心组织和精心培育自身的企业理念。

　　要创造工作的附加价值。通过多礼、多笑、多些服务和关爱，也就是透过自己乐观的心理创造出工作的附加价值，同时用敬业精神和工作态度打动人心，最终成为纵横市场的赢家。

　　作为现代企业，要热情做事、真情待人，用新意造物。联想集团的移动公司总经理刘志军认为，以客户为中心的理念比较稳健而充满激情，要给员工空间，激励员工与企业一起发展。

　　现代企业要发扬团结合作的精神。假如企业理念正确并能贯彻实施，

它就会以特有的方式融合员工的理想、信念、作风，培养和激发员工的群体意识。它就成为企业行为的中心，而且还能提高全体员工的参与感和责任感，自觉地为企业的生存和发展共同努力。

其次，要树立顾客至上的经营理念。市场的竞争，说到底是争夺用户的竞争。企业兴衰的命运取决于用户的选择。只有清楚地了解顾客的需求，企业才能生存和发展。顾客至上的思想要求，企业的整个经营管理活动要以顾客的满意度为指针。从环境角度来讲，企业必须从顾客的利益和需求出发，提供顾客满意的产品和服务。比如美国摩托罗拉公司提出了"顾客完全满意"的新概念。波音公司的"以服务顾客为宗旨"表现出了顾客至上的价值观念。

再次，要树立以人为本的管理观念。把员工当作事业上的伙伴，注重企业精神与企业价值观的人格化，价值观是新企业文化的核心。要努力培育"生死与共"的价值观。员工们要一起学习，一起工作，一起高兴，一起伤心，同心协力，一起前进，共同进步，共存共荣。

企业应具备忧患意识。企业文化要适应"结盟取胜，双赢模式"新战略的要求，这是新经济发展的需要，也是企业组织制度和经营机制的一种创新，使企业更具生命力、凝聚力和竞争力。企业在竞争中不被淘汰，只有靠全员奋斗，同心协力，合理化经营，利润分享，才能强化企业本身，增加后劲，提高企业获利能力，保障企业生命。

企业成败的关键在人，在于人才素质的取向，优胜劣汰，教育训练，整顿内部，培育人人具有企业家头脑和忧患意识。

感恩是员工个人成长的重要动力。"滴水之恩，当涌泉相报"是中国人的传统美德，也应该成为企业文化的"升华"。浙江医药集团下属的新昌制药厂有一个"鼓励人才逃走"战略。他们始终坚持"来去自由"的原则，鼓励员工考硕读博，而且在读书期间发给他们生活费，如果出国留学，费用照样由企业负担。企业有一年拿出1000多万元鼓励厂内任何一个欲提升自我文化素质的员工参加各种形式的进修和培训。这用浙江医药公司总经理李春波的话说是：我出钱鼓励大家"逃走"。但现实的情况如何呢？从1992年以来，该厂引进人才410名，却只有61名离开。在这种宽松的环境下，为什么那么多人选择留下，李春波把这一现象归结为"烙印理论"。受过厂里培养出去的科技人员对企业会有一种情结，这种情结会给他们留下终身不褪的心理烙印，他们会用各种方式报效企业。退一步来说，他们出去了，也同样会为国家做贡献，就算我们为国家输送人才，如果我们厂培养的人才散布世界各地，这个人才网络便会成为我们最大的财富，他们所起的作用会呈几何级数增长，我们需要的是他们为我们提供源源不断的信息。

在人才问题上，新昌制药的做法从"想办法吸引、留住人才"到"编织一张无形的全球性的人才网络为新昌制药服务"，再到"培养更多的人为更多的人服务"。

另外，在构造现代企业文化时必须坚持创新。创新是社会进步的动力，在市场经济中，竞争日益激烈，产品的短暂性、新奇性和多样性表现得日益突出，不创新就要被淘汰。企业创新大致包括五个方面：一是引入一种新产品；二是采用一种新的方法；三是开辟一个新市场；四是获得一种新原料；五是采用一种新企业组织形式。这五种形式的创新都可以产生超额利润。

再以浙江新昌制药厂作例子。新昌"笼络"着近千名科技人员，改革开放20多年，新昌制药的历届领导，无论哪个阶段以何种形式的体制改革，都把科技体制创新和发挥技术人员的创造性作用放在首位，这是新昌制药得以快速发展的全部秘密。

新昌制药追求创新，更难得的是不为创新所累，懂得去保护一些所谓"旧"和"上"的东西，如新昌制药还非常完整地保留着计划经济年代的"劳保福利"制度。在"新药"2001年的一份职工总收入明细帐上发现，一般正式职工的年总收入在2万到3万元左右，其中包括月发工资、月奖金、节假日加班工资、年终奖、津贴福利等五大块。应当说，这样的收入状况即使在有些经济发达地区也是排得到前列的。而令人更感兴趣的是津贴福利包括了误餐费、洗澡费、房贴、医药费、订报费，冬令护肤、夏令用品、冷饮费、高温补贴费、理发费、年货、工会活动费、劳保卫生费等。具有战略家素质的李春波一直没有省略这些"细节"，这种"小恩小惠"在前卫的经济时评家看来也许是一种对农耕时代的怀恋，但它给平淡如水的平民生活带来的欢乐以及由此所激发出来的创造力是不可低

估的。

　　总之，企业文化是一种极其复杂的系统工程，其核心内容应是"内聚人心，外塑形象"。因此，在建设企业文化的过程中，一定要做到广泛学习，立足创新，分析过去，掌握未来。加强企业文化建设，可以为提升企业竞争力提供精神支持，特别是企业精神文化要顺应社会发展；融入人们的社会生活，体现时代精神，要与时俱进，不断创新。同时又具有鲜明的企业个性和特点，才能促进企业竞争力的提升，才能超越巅峰，成就伟业。

简单最真实

现在，提起"星巴克"，应该很多人都晓得。它的连锁店在美国随处可见，主要经营咖啡饮料、咖啡豆及其副产品。然而，谈及舒尔茨，知道的人却少之又少。这位一向低调的主席兼行政总裁是星巴克公司今天取得惊人发展的灵魂人物。

舒尔茨本来是一家瑞典家用器皿制造商美国公司的副总裁。当时，一家在美国西雅图拥有四家店铺的零售商引起他的注意。该零售商正在向他的企业订购大量咖啡壶。舒尔茨决定弄清其中的原委。1981年，他对经营咖啡、茶和香料的星巴克咖啡店进行销售拜访。该企业尽心尽力为顾客提供高质量进口咖啡的做法，给他留下了深刻印象。第二年，他毅然签约担任星巴克咖啡店的零售业务和营销总监。

1983年，舒尔茨在米兰参加会议时，他注意到当地的咖啡吧现象。他断定咖啡吧生意在美国也会很有市场，于是说服星巴克咖啡店第二年也开了一家。随后他本人也于1985年离开星巴克咖啡店，转而着手建立自己的咖啡吧连锁店。两年后，他募集到足够的风险资本买下了星巴克咖啡店两位创始合伙人的全部股份，将之与自己的企业合并，并把合并后的企业更名为星巴克企业。合并后的企业拥有员工100人，在西雅图地区开设了17家连锁店。到1998年，已拥有1500家分店，员工25000人，1997年的总收入超过10亿美元。

舒尔茨在谈及如何成为一名成功的企业家时认为，你所在行业的平均遣散率高过250%，但你的员工遣散率只有57%。而且你的员工都赞成解散工会，你做事肯定与众不同。

我们的使命说明书写明要敬重员工，这不是句空话，而是我们每天的生活信条。如果你的管理不能超过员工的期望，你别指望要求他们超过顾客的期望。这是一种契约。

我们称员工为伙伴，对他们进行24小时的培训，其中不仅包括我们基本要做的事情，还包括我们如何对待员工。许多员工以前在别的企业工作时，企业待他们不好。所以，初来乍到，感到愤世嫉俗也是情有可原。他们压根儿不信任管理层。

我们让他们感到我们重视他们的参与。如果他们的批评富有建设性，我们不会责备他们。如果积极主动地工作，就会得到奖赏。通过提供这样一种环境，我们重建他们对管理层的信任。

在零售和服务业，你所提供的实物奖励也比多数企业的好。具有讽刺意味的是，零售商和餐馆的存亡取决于顾客服务。但它们的员工薪酬与福利有些在所有行业中是最糟的。但我们在各层面都给予我们伙伴很好的报酬。我们为兼职员工提供综合医疗保健，给所有员工股权。这些举措带来的回报是他们的生产率得到提高，对企业更加尽心尽力。企业家如何把一个刚起步的小企业转变为一个需要专业经理人的企业呢？

应当认识到自己的局限性，你的创意才能变成为一个好企业。你要自尊自重，才能聘用比你有才能的人，并赋予他们管理自己负责领域的自主权。你必须让他们适得其所，并给予相应的约束。你在必须建立复杂的管理架构和系统时，如何永葆企业的创业精神？

在企业壮大后，怎样保持员工关系和顾客关系的亲密无间，这是个最有挑战性的问题。你必须确保员工之间以及与顾客之间保持密切关系。你不能只关注销售、利润、竞争以及你的投资者等，而忽略各种关系。这就是为什么我们把那么多钱花在交流和旅行上，就是为了保持接触。

不要只顾雄心勃勃地发展壮大，却损害了企业的价值观。每一项决定都必须考虑到，长远效果怎样？如果企业发展不建立在正确的基础上，就会有害无益。

这与养家十分相似。在家里，父母把他们的价值观灌输给孩子；而经营一个企业，创建者会尽早设定基本原则。有了正确的价值观念并予以坚持，企业的发展就会得到控制，也就不会失去企业的灵魂。咖啡饮料业低迷时，你进入这一薄利行业，并决心扭转这一局面。你凭什么认定你能改变顾客的口味，而不是遵循常规的经营信条，给予顾客马上就要的东西？

顾客并不总是知道他们想要什么。咖啡饮料业之所以低迷，是因为市面上的咖啡已不新鲜，人们不愿饮用。一旦他们品尝到我们的咖啡，并体验到我们所称的"第三场所"，即家和工作场所之外的相聚处，并受到我们的敬重。他们发现我们正填补一种他们不知道的需要。

今天的顾客比以前更能接受新观念。要想开创新企业或推出新产品，这是一个再适合不过的时代，因为人们热切渴望尝试新事物。你如何确保从顾客那里得到正确的反馈？非常幸运，我们的顾客对我们所做的一切满怀热情，他们不满意时，马上就会让我们知道。在店里，我们设有顾客意见卡，我们的顾客关系部每年收到成千上万的电话，我们还训练员工对他们听到的反馈如何进行反馈。你在自己的书中宣称，在发展企业的过程中，你不会去想竞争对手的事。这对多数企业来说现实吗？

我们不想把精力放在别人做什么上并予以反应。我们一直是在为顾客，而不是为了应对竞争而设计我们的店铺。建立企业的第一步就是，努力发展一个深受顾客欢迎和喜爱的企业，瞄准一个市场并努力破解企业成功的秘诀，不要焦虑别人在干什么。

管人的最高境界

成功的企业都追求卓越的文化，而成功的企业也必然得益于成功的企业文化。先进的企业之所以能够战胜落后的企业，是因为先进企业的文化比落后企业的文化更能适应竞争的要求，更具有生命力。

企业文化体现了企业的核心价值观念，企业文化是全体员工衷心认同和共有的企业核心价值观念，它规定了人们的基本思维模式和行为模式，或者说是习以为常的东西，是一种不需要思考就能够表现出来的东西，是一旦违背了它就感到不舒服的东西，而且这些思维模式和行为模式还应该在新老员工的交替过程中具有延缓性和保持性。优秀的企业，就要创造一种能够使企业全体员工衷心认同的核心价值观念和使命感、一个能够促进员工奋发向上的心理环境、一个能够确保企业经营业绩的不断提高、一个能够积极地推动组织变革和发展的企业文化。

赋予企业文化什么内涵和风格，与企业所处地区、行业、发展阶段、员工素质、管理层的管理意识、管理者等一系列因素有关。但是不管怎样，它必须回答这样几个核心问题：第一，如何看待顾客；第二，如何看待员工；第三，如何思考和定义竞争；第四，如何考虑对社会和环境的责任；第五，如何考虑合作与竞争；第六，如何认识成本和利润等。

从成功企业的企业文化分析中看，他们都非常注重对企业员工权利的尊重。惠普的企业文化明确提出：以真诚、公正的态度服务于企业的每一个员工。这与IBM公司的"让企业的每一个成员的尊严和权利都得到尊重，为企业在世界各地的消费者提供最上乘的服务"有异曲同工之妙。

建立企业文化，必须使每一位员工满意，他们包括顾客、员工、股东、社会与环境，甚至包括供应商和竞争对手，在这里我们仅讨论员工问题。企业究竟有没有把员工视为企业的权力人？我时常听到管理层讨论如何让员工努力工作，但很少听到管理层认真研究他们如何实现对员工所承担的义务的承诺。假如要营造一个使每一位员工都努力工作而不问报酬是什么的环境，那么你应该首先想一想，为此你对员工承担了什么？假如要员工忠于企业，那么企业对员工的承诺又是什么？

更实际一点的说，企业文化就是通过方针、政策、原则、制度所表达出来的企业核心价值理念。可是，许多企业所推崇的价值理念与他们所执行的规章制度是相互抵触的，有的甚至是背道而驰的。某企业集团提出了"泥饭碗"文化，本来是想建立一个能够使员工不断竞争向上的心理环境，但又有哪个能人会珍惜这个"泥饭碗"呢？

可见，要想使员工关心企业，能够与企业同心同德、尽职尽责，最着急的在于员工能否分享企业成长所带来的好处。只有在这种企业文化下，员工才能树立积极的工作价值观，才能真正感受到成功的乐趣，才能体会出人格的被尊重，也才能表现出敬业敬职的精神，企业才能真正地被员工所热爱。

企业文化的建立和重塑，是目前管理层最重要的事，是人力资源管理的核心任务，它关系到整个组织系统的运行和发展。管理的问题是人的问题，主要是管理者的问题，关键在于那些管理"管理者"的人。因此，管理者，特别是高层管理者的观念和行为起着至关重要的作用。在企业文化中，管理者是企业利益的代表者，是群体最终的责任者，是下属发展的培养者，是新观念的开拓者，是规则执行的督导者。

总之，在企业文化建设中，每一位管理者能否把握好自身的管理角色，实现自我定位、自我约束、自我实现，乃至自我超越，关系到一个优秀的企业文化建设的成败。

企业的活力之源

企业文化是一种观念形态的价值观，是企业长期形成的稳定的文化观念和历史传统以及特有的经营精神和风格，包括一个企业独特的指导思想、发展战略、经营哲学、价值观念、道德观念和风俗习惯等。企业文化是全体员工衷心认同和共有的企业核心价值观念、价值取向以及行为等外在表现形式，由管理作风、管理制度和管理观念构成的管理氛围，它规定了人们的基本思维模式和行为方式，在新老员工的交替过程中具有延续性和保持性。企业文化是一个企业的成功之本、活力之源。

企业文化作为社会大文化的一个子系统，客观地存在于每一个企业之中。优秀的企业文化将极大地促进企业的发展，反之将削弱企业的组织功能。正如《财富》杂志评论员文章所指出，世界500强胜出其他企业的根本原因就在于这些企业善于给他们的企业文化注入活力。

企业文化是在一定环境中企业生存发展的需要形成的，存在决定意识，企业文化的核心价值观就是在企业图生存、求发展的环境中形成的。例如用户第一、顾客至上的经营观念，是在商品经济出现买方市场，企业间激烈竞争的条件下形成的。企业作为社会有机体，要生存、要发展，但是客观条件又存在某些制约和困难，为了适应和改变客观环境，就必然产生相应的价值观和行为模式。同时，也只有反映企业生存发展需要的文化，才能被多数员工所接受，才有强大的生命力。企业文化一般都要经历一个逐步完善、定型和深化的过程，实质上是一个以新的思想观念及行为方式战胜旧的思想观念及行为方式的过程，因此，新的思想观念必须经过广泛宣传、反复灌输才能逐步被员工所接受。例如日本经过几十年的宣传灌输，终于形成了企业员工乃至全民族的危机意识和拼命竞争的精神。一种新的思想观念需要不断实践，在长期实践中，通过吸收集体的智慧，不断补充、修正，逐步趋向明确和完善。文化的自然演进是相当缓慢的，因此，企业文化一般都是规范管理的结果。企业领导者一旦确认新文化的合理性和必要性，在宣传教育的同时，便应制定相应的行为规范和管理制度，在实践中不断强化，努力转变员工的思想观念及行为模式，建立起新的企业文化。

在确定企业文化内容的过程中，应根据社会发展的趋势和文化的渐进性，结合国家、企业的未来目标和任务考虑文化模式。生产方式、生活方式的变化和进步，必然导致人们心理及行为模式的发展和变异。文化的渐进是一条客观规律，也是实现民族的、企业的新目标、新任务的必然要求。

根据企业的外部客观环境和内部现实条件，形成企业的共性文化和个性文化。例如社会化大生产要求协作精神、严格的纪律和雷厉风行的作风；商品经济要求与用户搞好关系，保证产品和服务质量。这些都是不以民族和企业特点为转移的。但各企业在自然资源、经济基础、人员构成等方面存在差异，客观上会产生和要求不同的文化特点。例如投资大、见效慢、风险性较大的企业，一般需要远见卓识、深思熟虑、严谨的态度和作风，而生产生活消费品的企业则要求灵活、机敏的作风。

企业文化建设中，容易发生两种倾向，一是"过于内向"，过于注重从传统文化中寻找企业现代化的因素；二是"过于超前"，对世界先进企业文化不加区别地吸收引进。这两种文化倾向都是错误的。诚然，在追赶型经济发展中，企业文化建设要侧重于引进和"拿来"，但在吸收和消化过程中要注意防范风险，趋利避害。与引进相比，更应当反思传统企业文化中的弱点，着力于补课。

对源远流长的民族文化和现有的企业文化采取批判与继承的态度，取其精华，去其糟粕，采取辩证分析的方法，不能简单地肯定或否定，特别要善于发扬本企业的优良传统。博采众长，借鉴吸收其他民族和企业的优秀文化。对于外来的企业文化，不能简单地采取"拿来主义"，而应持认真鉴别，分析研究，有选择吸收的态度。要搞清楚哪些是优秀的，哪些是适用于自己的。借鉴别人的长处、精华，还必须进行一番改造，才能适用于自己的企业。

重视个性发展。一个企业的文化个性，是这个企业在文化上与其他

企业不同的特性。它只为这个企业所有，只适用这个企业，是这个企业生存、发展条件及其历史延续的反映。国内外的优秀企业，都是具有鲜明的文化个性的企业。我国企业自觉的文化建设刚刚开始，一般企业还不具备自己独特的文化风格，更需要重视企业文化个性的发展。首先要认清自己的特点，发挥本企业及其文化素质的某种优势，在自己经验基础上发展本企业的文化个性。

目前许多华人企业家，接收了现代科学技术和管理思想的正规教育，又受到中华传统文化的熏陶，在企业竞争中可以灵活运用"双刃剑"，使中华文明得以在现代社会发扬光大。相信会有更多的华人企业家能处理好对企业文化"继承"和"扬弃"的关系，练好企业的内外功力，去掉狭隘保守的心理和盲目崇外的心态，在新世纪里再创辉煌。

让员工认同企业文化

现在，企业最高层次的竞争已经不再是人、财、物的竞争，而是文化的竞争，最先进的管理思想是用文化进行管理，因此，企业经营者越来越注重企业文化的建设和价值观的塑造，企业文化正成为企业核心竞争力的有力保障。

大道无形，企业文化是个看不见、摸不着的东西，不少人都感觉"虚"，不知道文化建设从哪入手，重点在哪，所以也导致了很多企业把企业文化建设与CIS混为一谈，口号标语满天飞，但企业的文化建设却总是不入门，在门外徘徊，根本无法提高员工的凝聚力和归属感，无法提升管理水平。

大量的管理实践表明，企业文化建设的关键在于要让文化经历从理念到行动、从抽象到具体、从口头到书面的过程，要得到员工的理解和认同，转化为员工的日常工作行为。

海尔总裁张瑞敏在谈到自己的角色时说："第一是设计师，在企业发展中使组织结构适应企业发展；第二是牧师，不断地布道，使员工接受企业文化，把员工自身价值的体现和企业目标的实现结合起来。"可见，对于企业高层管理者来说，如何让员工认同企业文化，并转化为自己的工作行为，是关系企业文化成败的关键。

让员工参与企业文化建设，广泛征求意见。任何企业都有文化，尤其对于许多大中型的国营企业，在经历了这么多年的风风雨雨后，员工对文化总有许多自己的看法，很多企业在引入组织变革或再造时，往往忽略了对本企业文化的考虑，结果往往造成了"手术很成功，但病人死了"的尴尬。麦肯锡兵败实达，就是最好的案例，虽然方案很科学，但实达的文化不能融合，结果是一败涂地。

很多人把企业文化认为是老板文化、高层文化，这是片面的，企业文

化并非只是高层的一己之见，而是整个企业的价值观和行为方式，只有得到大家认同的企业文化，才是有价值的企业文化。

要得到大家的认同，首先要征求大家的意见。企业高层管理者应该创造各种机会让全体员工参与进来，共同探讨企业文化。不妨先由高层制造危机感，让大家产生文化变革的需求和动机，然后在各个层面征求意见，取得对原有文化糟粕和优势的认知，最后采取扬弃的办法，保留原有企业文化的精华部分，并广泛进行宣扬，让全体员工都知道企业文化是怎么产生的。

企业文化建设与员工的日常工作结合起来。企业确定了新的企业文化理念后，就要进行导入，其实也就是把理念转化为行动的过程。在进行导入时，不要采取强压式的，要让大家先结合每个员工自己的具体工作进行讨论，首先必须明确企业为什么要树立这样的理念，接下来是我们每个人应如何改变观念，使自己的工作与文化相结合。

一家空港地面服务企业做企业文化塑造中，就是先让基层员工自己讨论工作中的问题，然后结合企业文化，提出如何进行改善和提高，包括工作的流程和方法，最后是自己应该怎么做。通过这样的研讨，让每个员工都清楚地知道企业的企业文化是什么，为什么要树立这样的文化，为什么自己要这么做。

以身作则在企业文化塑造中最为关键。作为企业文化的建筑师，高层管理人员承担着企业文化建设最重要也最直接的工作。塑造企业文化什么最关键？答案很简单，作为高层管理人员，应该先把自己塑造成企业文化的楷模。有些企业高层管理者总感觉企业文化是为了激励和约束员工，其实更应该激励和约束的，恰恰是那些企业文化的塑造者，他们的一言一行都对企业文化的形成起着至关重要的作用。一家企业做企业文化，他们老总说自己非常重视人才，希望企业理念在这方面有所体现，当时，恰好要安排面试一个中层经理，当他的秘书告诉他面试者来了时，他却满不在乎地说："让他再等半个小时，我有事走不开。"一件小事足以体现他对人才的重视程度了。企业的高层领导往往既是文化、制度的塑造者，同时又是理念、制度的破坏者。

学会从点滴做起。很多企业在进行企业文化塑造时，喜欢大张旗鼓地开展一些活动、培训和研讨，其实企业文化的精髓更集中在企业日常管理的点点滴滴上。作为企业管理者，不管是高层还是中层，都应该从自己的工作出发，首先改变自己的观念和作风，从小事做起，从身边做起。在思科，广泛流传着这样一个故事，一位思科总部的员工看到他们的总裁钱珀思先生大老远地从街对面小跑着过来，这位员工后来才知道，原来钱珀斯先生看到企业门口的停车位已满，就把车停到街对面，但又有几位重要的客人在等着他，所以他几乎是小跑着回公司了。因为在思科，最好的停车位是留给员工的，管理人员哪怕是全球总裁也不享有特权。再比如GE公司，它有一个价值观的卡片，要求每个人必须随身携带，就连总裁，也都随时拿出这张卡片，对员工进行宣传，对顾客进行讲解。试想我们国内的许多企业高层管理者，有这些世界一流企业总裁的理念和作风吗？

要理念故事化，故事理念化，并进行宣传。企业文化的理念大都比较抽象，因此，企业领导者需要把这些理念变成生动活泼的寓言和故事，并进行宣传。蒙牛集团的企业文化强调竞争，他们通过非洲大草原上"狮子与羚羊"的故事生动活泼地体现出来：清晨醒来，狮子的想法是要跑过最慢的羚羊，而羚羊此时想的是跑过速度最快的狮子，"物竞天择、适者生存"，大自然的法则对于企业的生存和发展同样适用。

在企业文化的长期建设中，先进人物的评选和宣传要以理念为核心，注重从理念方面对先进人物和事迹进行提炼，对符合企业文化的人物和事迹进行宣传报道。在一家合资企业的企业文化咨询项目中，我们帮助他们按照企业文化的要求进行先进人物的评选，并在企业内部和相关媒体进行了广泛的宣传，让全体员工都知道为什么他们是先进，他们做的哪些事是符合企业的企业文化的，这样的榜样为其他员工树立了一面旗帜，同时也使企业文化的推广变得具体而生动。

加强沟通渠道的建设。企业理念要得到员工的认同，必须在企业的各个沟通渠道进行宣传和阐释，企业内刊、板报、宣传栏、各种会议、研讨会、局域网，都应该成为企业文化宣传的工具，要让员工深刻理解企业的文化是什么，怎么做才符合企业的文化。

假如员工不能认同企业的文化，企业就会形成内耗，虽然每个人看

起来都很有力量，但由于方向不一致，因而导致企业的合力很小，在市场竞争中显得很脆弱。从长远来看，如果没有强有力的企业文化，企业就无法形成自己的核心竞争力，在竞争日益激烈的市场上，就难以立于不败之地。

附录

（企业管理制度样本）
总则

为加强企业的规范化管理，完善各项工作制度，促进企业发展壮大，提高经济效益，根据国家有关法律、法规及企业章程的规定，特制定本企业管理制度大纲。

企业管理制度大纲

1. 企业全体员工必须遵守企业章程，遵守企业的各项规章制度和决定。

2. 企业倡导树立"一盘棋"思想，禁止任何部门、个人做有损企业利益、形象、声誉或破坏企业发展的事情。

3. 企业通过发挥全体员工的积极性、创造性和提高全体员工的技术、管理、经营水平，不断完善企业的经营、管理体系，实行多种形式的责任制，不断壮大企业实力和提高经济效益。

4. 企业提倡全体员工刻苦学习科学技术和文化知识，为员工提供学习、深造的条件和机会，努力提高员工的整体素质和水平，造就一支思想新、作风硬、业务强、技术精的员工队伍。

5. 企业鼓励员工积极参与企业的决策和管理，鼓励员工发挥才智，提出合理化建议。

6. 企业实行"岗薪制"的分配制度，为员工提供收入和福利保证，并随着经济效益的提高逐步提高员工各方面待遇；企业为员工提供平等的竞争环境和晋升机会；企业推行岗位责任制，实行考勤、考核制度，评先树优，对做出贡献者予以表彰、奖励。

7. 企业提倡求真务实的工作作风，提高工作效率；提倡厉行节约，反对铺张浪费；倡导员工团结互助，同舟共济，发扬集体合作和集体创造精神，增强团体的凝聚力和向心力。

8. 员工必须维护企业纪律，对任何违反企业章程和各项规章制度的行为，都要予以追究。

员工守则

1. 遵纪守法，忠于职守，爱岗敬业。
2. 维护企业声誉，保护企业利益。
3. 服从领导，关心下属，团结互助。
4. 爱护公物，勤俭节约，杜绝浪费。
5. 不断学习，提高水平，精通业务。
6. 积极进取，勇于开拓，求实创新。

第一部分

企业管理制度

文件管理制度

为减少发文数量，提高办文速度和发文质量，充分发挥文件在各项工作中的指导作用，特制定本制度。

一、文件管理内容主要包括：上级函、电、来文，同级函、电、来文，本企业上报下发的各种文件、资料。按照分工的原则，全企业各类文件由办公室归口管理。

二、收文的管理

三、公文的签收

1. 凡来企业公启文件（除企业领导订启的外）均由办公室登记签收。

2. 对上级机要部门发来的文件，要进行信封、文件、文号、机要编号的"四对口"核定，如果其中一项不对口，应立即报告上级机要部门，并登记差错文件的文号。

3. 公文的编号保管

（1）办公室秘书对上级来文拆封后应及时附上"文件处理传阅单"，并分类登记编号、保管。须由企业承办或归档的企业领导亲启文件，企业领导启封后，也应交办公室办理正常手续。

（2）本企业外出人员开会带回的文件及资料应及时分别送交办公室秘书进行登记编号保管，不得个人保存。

4. 公文的阅批与分转

（1）凡正式文件，均需分别由办公室主任（或副主任）根据文件内容和性质阅签后，由办公室秘书分送承办部门阅办，重要文件应呈送企业领导（或分管领导）亲自阅批后分送承办部门阅办。为避免文件积压误事，一般应在当天阅签完，紧急文件要立即办。

（2）一般函、电、单据等，分别由办公室秘书直接分转处理。如涉及几个单位会办的文件，应同主办单位联系后再分转处理。

（3）为加速文件运转，办公室秘书应在当天或第二天将文件送到企业领导和承办部门，如关系到两个以上业务部门，应按批示次序依次传阅，最迟不得超过2天（特殊情况例外）。

5. 文件的传阅与催办

（1）传阅文件应严格遵守传阅范围规定，不得将有密级的文件带回家、宿舍或公共场所，也不得将文件转借其他人阅看。对尚未传达的文件不得向外泄露内容。

（2）阅读文件应抓紧时间，当天阅完后应在下班前将文件放回办公室，阅批文件一般不得超过2天，阅后应签名以示负责。如有领导"批示"、"拟办意见"，办公室应责成有关部门和人员按文件所提要求和领导批示办理有关事宜。

（3）文件阅完后，应送交办公室秘书，切忌横传。

（4）办公室秘书对文件负有催办检查督促的责任，承办部门接到文件、函电应立即指定专人办理。不得将文件压放分散，如需备查，应按照企业有关规定，并征得办公室同意后，予以复印或摘抄，原件应及时归档周转。

档案管理制度

一、严格执行党和国家的保密、安全制度，确保档案和案卷机密安全。

二、各部室应在每季度底向企业办公室移交上季度文书档案并履行清交手续。

三、各部室应明确规定档案责任人，档案责任人（档案员）对本部门档案的收集、建档、保管、借阅和利用负全责。

四、各类规章制度、办法、人事、工资资料、会议记录、会议纪要、简报、重要电话记录、接待来访记录、上级来文、企业发文、工作计划和工作总结以及添置设备、财产的产权资料由办公室负责归档。

五、各工程项目立项、国土、规划、设计、监理、质监及技术等图纸文字技术资料、质量资料由投资发展部负责归档。

六、各类承包合同、商务合同、协议的正本原件由财务部归档，副本原件、复印件由办公室归档，其他部门备份存档并由信息中心实行电脑化管理。

七、各招商引资贷款项目申报资料、征地、拆迁批复、国土规划等技术、图纸分别由投资发展部、市场营销部等业务部门按业务分工负责归档。

八、归档资料必须符合下列要求：

1. 文件材料齐全完整；

2. 根据档案内容合并整理、立卷；

3. 根据档案内容的历史关系，区别保存价值、分类、整理、立卷，案卷标题简明确切，便于保管和利用。

九、档案资料借阅需履行登记、签字手续，重要资料借阅需先请示分管领导。

十、由分管领导定期组织档案责任人、业务部门组成档案鉴定小组对超期档案进行鉴定，提交档案报告，并根据有关规定酌情处置。

十一、加强档案保管工作，做好防盗、防火、防虫、防鼠、防潮、防高温工作，定期检查档案保管工作。

保密制度

为保守企业秘密，维护企业利益，制定本制度。

一、全体员工都有保守企业秘密的义务。在对外交往和合作中，须特别注意不泄露企业秘密，更不准出卖企业秘密。

二、企业秘密是关系企业发展和利益，在一定时间内只限一定范围的员工知悉的事项。企业秘密包括下列秘密事项：

1. 企业经营发展决策中的秘密事项；

2. 人事决策中的秘密事项；

3. 专有技术；

4. 招标项目的标底、合作条件、贸易条件；

5. 重要的合同、客户和合作渠道；

6. 企业非向公众公开的财务情况、银行帐户帐号；

7. 股东会或总经理确定应当保守的企业其他秘密事项。

三、属于企业秘密的文件、资料，应标明"秘密"字样，由专人负责印制、收发、传递、保管，未经批准，不准复印、摘抄秘密文件、资料。

四、企业秘密应根据需要，限于一定范围的员工接触。接触企业秘密的员工，未经批准不准向他人泄露。非接触企业秘密的员工，不准打听企业秘密。

五、记载有企业秘密事项的工作笔记，持有人必须妥善保管。如有遗失，必须立即报告并采取补救措施。

六、对保守企业秘密或防止泄密有功的，予以表扬、奖励。

违反本规定故意或过失泄露企业秘密的，视情节及危害后果予以行政处分或经济处罚，直至予以除名。

七、档案室及相关机要重地，非工作人员不得随便进入；工作人员更不能随便带人进入。

八、办公室应定期检查各部门的保密情况。

印章使用管理制度

印章是企业经营管理活动中行使职权，明确企业各种权利义务关系的重要凭证和工具，印章的管理应做到分散管理、相互制约，为明确使用人与管理人员的责权，特做如下企业印章使用与管理条例：

各类印章的具体管理条例：

一、印章的刻制

刻制按企业业务需要由部门提出申请，企业领导批准后，由总经办统一办理。印章刻好后由总经办办理印章登记手续，填写《印章管理登记表》备案并留好印章样图。

（1）新企业成立，基本印章（公章、合同章、法人私章、财务章）的刻制，应由指定的印章管理人员负责刻制，后交由人事行政部备案，并从刻制之日起执行相关使用条例。

（2）因业务发展需要申请各职能部门专用章时，由需求部门填写《印章制发申请表》经总经理核准后送交人事行政部门刻制。

二、印章的保管和使用

1. 印章的保管

通过总经理授权赋予一些部门对其部门（专业）印章的保管权和使用权。由被授权人在总经办签字领取印章，指定专人保管。

2. 印章的使用

任何部门在启用印章前，均需与企业（人事行政部）办理领取手续，接受相应的责权告知，签定《印章签收手续》并备案。

（1）公章：公章由企业行政经理或各分企业行政经理保管。各部门有需盖公章的文件、通知等，须先到综合办公室处领取并填写《印章使用申请表》，经由分企业经理核准后并在《印章使用申请表》中签批，盖章后经手人需将签批申请表交由综合办公室，并在《印章使用登记簿》

签字。综合办公室需将《印章使用申请表》与《印章使用登记簿》同期留档。

（2）合同章：合同章由财务部保管。主要用于企业签订各类合同使用专用章，盖章前须先到综合办公室领取并填写《印章使用申请表》，经由企业、分企业行政经理或各分企业行政经理审批，财务经理审核并在《印章使用申请表》中签批，经手人需将签批后的申请表交由综合办公室并在《印章使用登记簿》签字。综合办公室需将《印章使用申请表》与《印章使用登记簿》同期留档。

（3）法人私章：法人私章由企业或分企业出纳保管，主要用于银行汇票、现金支票等业务，使用时凭审批的支付申请或取汇款凭证方可盖章。

（4）财务章：由财务部经理（或负责人）保管，主要用于银行汇票、现金支票等需要加盖银行预留印鉴等业务或发票上使用，发票专用章主要用于发票盖章。

（5）其他职能部门章：其他职能部门章，主要适用于各部门内部使用，已经刻制的职能部门章，需由部门负责人进行保管并严格该章的使用办法。

3. 印章的废止、更换

（1）废止或缴销的印章应由保管人员填写《废止申请单》，并呈分企业经理核准后交由企业综合办公室负责人统一废止或缴销。

（2）遗失印章时应由印章保管人员填写《废止申请单》，并呈企业经理核准后，签批遗失处理及处罚办法后，交由人事行政部按批示处理，如是遗失企业基本印章时必需登报申明。

（3）更换印章时应由印章保管人员依企业文件填写《废止申请单》，并呈分企业经理核准后，交由人事行政部按批示处理。如有需要须填写《印章制发申请表》申请新的印章。

4. 印章保管人的责权范畴

对于企业主要的印章管理，采用的是分散管理、相互监督的办法。人事行政部的主要职责是对印章的使用进行合理性管理，而印章保管人具有使用、监督、保管等多重责任与权力，具体划分如下：

（1）职能部门印章保管人对印章具有独立使用权力，同时负全部使用责任。

（2）公章的保管人无独立使用权力，但具有监督及允许使用的权力，因此公章的保管人对公章的使用结果负主要责任，经手人则负部分责任，而对未经由负责人或保管人（企业经理）签批的公章使用经手人负主要责任，保管人负部分责任。

（3）财务章的保管人无独立使用权力，但具有监督及允许使用权力，因此财务章的保管人对财务章的使用结果负主要责任，经手人则负部分责任，而对未经由保管人（财务负责人）签批的公章使用经手人负主要责任，保管人负部分责任。

（4）法人私章的保管者是出纳，既是保管者又是使用者，但其无独立使用权力，需依据财务部负责人审批的支付申请或取汇款凭证方可使用，否则负全部责任。

（5）企业严禁公章、合同章、法人私章独立带离企业使用，因此保管人如遇需带公章、合同章外出办事使用时，需与办事人一同前往或指派代表一同前往。如遇要办理工商年检等事务，需将表格带回企业盖章。

（6）企业高、中层领导，因异地执行重大项目或完成重要业务，需要携带企业印章出差的，须经企业董事长或总经理审批并及时归还。

（7）如遇个人需开具个人相关证明，需由部门负责人以上担保签批后方能使用，但如涉及到个人经济担保与证明时，原则上一律不予证明，其不良结果由签批人与保管人以情节共同负责。

（8）所有印章的使用，必须严格执行企业的公章使用章程，做好申请和使用登记。企业印章只适用于与企业相关的业务，不得从事有损企业利益之行为。

（9）印章使用申请人及管理负责人要严格按照上述规定申请使用印章，如出现问题，后果自负。给企业造成重大损失的，企业将依法追究其法律责任。

证照管理制度

一、企业证照由总经办指定专人统一管理。

二、证照是指由上级主管部门颁发的各类证书、批文等。如，营业执照、法人代码证、法定代表人证书、税务登记证、ISP经营许可证，等等。

三、证照的使用包括借用、复印等。

四、证照使用必须填写《证照使用申请单》。

五、证照借用程序

借用人申请→部门负责人复核→主管副总经理审核→总经理核准→办理借用手续→归还借用完毕后，应在时限内归还证照保理人。

六、证照复印程序

借用人申请→部门负责人复核→主管副总经理核准→办理借用手续→归还（如证照复印件未使用，应立即退还证照保管人）。

七、如需使用原件，则须总经理核准。

八、证照复印件必须加盖"再复印无效章"。

证照保管人必须做出登记，认真填写《证照使用登记表》

证明函管理制度

一、证明函的范围包括：介绍信、法定代表人证明书、授权委托书等。

二、企业证明函由总经办指定专人统一管理。

三、使用证明函必须填写《证明函使用申请单》，经部门经理核准后方可。

四、法定代表人证明书、授权委托书须经主管副总经理核准。

五、使用证明函必须做好登记，填写《证明函使用登记表》。

六、严禁开出空白证明函或外借证明函。

七、证明函开出后，使用人应妥善保管。如发生遗失或被盗，应立即向主管领导汇报，并迅速采取相应措施，避免造成损失；如证明函未使用，应立即退还总经办。

总经办应妥善保管证明函存根。

会议管理制度

一、总经理办公会议制度

1. 参加人员

企业领导、行政办公室经理或总经理指定相关部门负责人参加，行政办公室秘书做好会议记录。

2. 开会时间

原则上每月召开一次，遇特殊情况，总经理可提议随时召开。

3. 会议主持

总经理办公会由总经理主持或由总经理委派人员主持。

4. 会议要求

（1）凡提交总经理办公会议研究解决的问题和事项，各部门须以书面形式上报行政办公室，经行政办公室呈分管领导审阅认可，由总经理审定是否为会议议题。

（2）凡提交会议研究有关经营决策、销售策略、设备更新、项目投资等重大问题必须在调查研究的基础上反复酝酿，并提出方案供领导决策时参考。

5. 会议主要内容

会议着重讨论研究企业各阶段的行政工作，如安全生产、经营管理、项目投资、成本控制、资金运作、更新改造、后勤保障等方面的重要问题。

6. 会后工作

（1）行政办公室应根据办公会议形成的决定，三天内下达"总经理办公会议决定事项通知单"或"总经理办公会议纪要"。

（2）总经理办公会议决定的事项，其主办部门和协办部门必须以"决定事项通知单"或"会议纪要"为依据，在限期内认真执行落实。如

有特殊情况，难以执行时，应提前将具体原因和情况反馈到相关部门或企业分管领导。

（3）无特殊情况，对总经理办公会议决定拒不执行，拖延不办或不按原则执行的，企业将追究有关部门负责人的责任。（根据实际工作情况第一次：200元至2000元的经济处罚，第二次：给予年终奖20%~50%处罚，第三次：降职使用或劝其自动离职）

（4）总经理办公会议下达的决定内容由综合管理部负责解释。

（5）有关部门必须将决定的执行情况于下达决议之日起限期内反馈到综合管理部。行政办公室应对总经理办公会决议的贯彻执行情况及时跟踪调查、并督促办理，以确保企业政令的畅通。

二、企业月度例会制度

1. 参加人员

企业领导、各部门、分企业负责人参加，行政办公室秘书负责做好会议记录。

2. 开会时间

原则上每月召开一次，遇特殊情况，总经理可提议随时召开。

3. 会议主持

企业月度例会由总经理主持或由总经理委派人员主持。

4. 会议要求

（1）汇报交流企业各部门、分企业本月安全生产、经营管理、成本控制、后勤保障、员工的工作和思想状况以及下月工作计划等方面的重要问题。

（2）分析、研究生产经营中出现的困难和问题，并针对问题提出解决的方案和办法。

（3）总经理针对月度工作会议上提出的问题，有针对性地对月度工作提出意见并就下月重点工作进行布置。

5. 会后工作

（1）行政办公室文秘应根据会议记录，整理并归档，以备各阶段性工作稳步推进。

（2）无特殊情况，对总经理在会议上提出的重点工作拒不落实的或执行不力的，企业将追究相关部门负责人的责任。（根据实际工作情况第一次：给予200元至2000元的经济处罚；第二次：给予年终奖20%~50%处罚；第三次：降职使用或劝其自动离职）。

（3）会议提出的决定事项，其主办部门必须在规定时间内完成，并由行政办公室负责跟踪、检查、督促以确保政令畅通。

三、党政联席会议制度

1. 参加人员

企业党、政领导和党支部支委成员，必要时有关部门负责人或有关人员可列席会议。

2. 开会时间

每季度一般不少于一次，也可根据工作需要，由总经理和党支部书记商定后，随时召开。

3. 党政联席会根据会议议题由总经理或党支部书记主持。

4. 会议内容

（1）讨论企业安全生产、经营活动中的重大问题。

（2）制定企业年度方针目标及加强企业基础管理的各项规章制度。

（3）制定落实经济责任制方案的措施和内部配套改革方案。

（4）讨论企业管理机构的设置和人员编制调整中的重大问题。

（5）讨论企业内部干部的任免、奖励、调动。

（6）讨论制定干部和员工的教育培训计划及相关问题。

（7）讨论上级规定需企业和党、政集体研究决定的其他重大问题。

5. 会后工作

（1）党、政联席会由企业综合管理部组织、记录并归档。

（2）党政联席会作出的决定，由行政办公室通知有关部门贯彻落实，必要时发放文件或会议纪要。

办公用品管理规定

为规范日常办公用品的采购、使用和保管，节约不必要的费用开支，降低成本消耗。现本着勤俭节约的原则，就办公用品有关事宜规定如下：

一、采购、印刷品印制

1. 企业日常所用办公用品，应由行政办公室负责统一采购，经批准购买专属办公用品或工索具应由行政办公室派员陪同。

2. 各部门所需办公用品，应按"购物申请清单"中各项内容要求认真填写，经部门负责人审核签字后，送行政办公室待办。

3. 行政办公室应将"购物申请单"汇总分类，依据财务审批权限规定报批。除生产急需用品外，应集中办理采购，不得一事一办。

4. 行政办公室采购物品应在有关人员陪同下办理，但陪同采购人（证明人）和验收人不得为同一人。

5. 采购人员应认真负责，精挑细酌，力争做到价廉物美，经久耐用。

6. 各部门所用的专用表格及印刷品，由各部门自行制定格式，按规定报总经理审批后，由行政办公室统一印制。

二、领用

1. 各部门领用办公用品必须填写"领用单"，由部门负责人核签后，到行政办公室管理经行政经理签字后，方可领取。

2. 除笔墨纸张外，凡属不易消耗物品和工索具等重复领用时，一律交旧换新。

三、保管

1. 办公用品应由行政办公室专人进行登记造册，分类放置统一保管。

2. 保管员应认真维护和保管好所存物品，以防发生潮、锈、蛀、霉等。

3. 保管员应在每季度末向行政经理汇报汇报物品消耗情况和台帐记录。

企业车辆管理制度

一、企业车辆由行政办公室统一管理。各部门公务用车，由各负责人部门先向行政办公室申请，填写"用车通知单"，说明用车事由、地点、时间，行政办公室根据实际工作需要统筹安排用车。

二、车辆使用按先急后一般的原则；先满足紧急公务和接待任务，后安排其他事务的原则。上班时间内驾驶员未被派出车的，应随时在小车队等候。不准随便乱窜其他办公室。有事需离开时，要告知去向和所需时间，经批准后方可离开；出车回企业，应立即到行政办公室报到。

三、外单位借车，需经总经理批准后方可安排。

四、车辆实行统一安排，各部门领导可自驾上、下班，工作期间不允许私自使用。企业配备的车辆只允许本人自驾，其他家庭成员不得使用，一经发现收回车辆。双休日、节假日，未经行政办公室同意，私自驾车离开本市，一切后果自负。上班时间车辆统一交由行政办公室调配使用，如有临时安排，经行政办公室同意后方可自驾。

五、驾驶员出车前，要例行检查车辆的水、电、油及其他性能是否正常，发现不正常时，要立即加补或调整。对自己所开车辆的各种证件的有效性应经常检查，出车时确保证件齐全。

六、车辆在上下班后或节假日必须停放无碍位置，并采取必要的防盗措施。

七、车辆实行定点维修，需维修的项目由驾驶员列出清单后，由行政办公室理部报总经理批准后执行。

八、行政办公室建立车辆的维修及用油台帐记录，每月核算一次，并做到每月核对无误。

九、驾驶员应做到合理用车，节约用油，做好行车记录。

十、车辆在异地维修须经企业领导审批，否则不予报销，驾驶员出车

遇特殊情况不能按时返回的，应及时通知行政办公室，并说明原因。

十一、行政办公室应对企业所有车辆建立车辆档案，填写车辆登记表，按时办好车辆保险、养路费等各项手续，车辆有关证件及资料由驾驶员妥善保管。

十二、违规与事故处理

1. 驾驶人员应严格遵守交通法规和车辆安全操作规程及企业各项管理规章制度，如出现下列情况，所造成的罚款或经济损失由驾驶人员承担：

（1）无照驾驶；

（2）未经许可将车借予他人使用；

（3）违反交通规则引起的交通肇事；

（4）违反交通规则。

2. 意外事故、不可抗拒原因造成的车辆事故由企业酌情研究处理。

车辆管理补充制度

为加强企业车辆的管理，进一步做好企业后勤保障服务工作，确保车辆清洁、安全可靠地行驶，结合本企业的实际，制定本补充制度。

一、日常管理

1. 本企业车辆的钥匙上交行政办公室，工作时间由行政办公室统一安排车辆调度；非工作时间，车辆实行定人、定车责任制，专人驾驶，不得用于办理私事或外借使用，特殊情况报分管领导及企业领导同意方可使用。

2. 驾驶人员应及时登记行车记录，如实记录行车日期、时间、路线、里程数、事项及车辆使用状态。

3. 所有车辆保险、年审、维修、清洁等由行政办公室负责办理。

4. 驾驶员及派车人通讯必须保持24小时畅通，驾驶员应服从调度、随叫随到。工作时间内所有车辆由行政办公室指定位置停放，未经批准不准擅自出车。

5. 驾驶员禁止在车内吸烟。

6. 驾驶人员在驾驶前须对车辆进行检查，以便于界定责任。

二、安全管理

1. 驾驶人员出车，须带齐有关证照，加强安全法律法规、安全知识和安全技能学习，禁止酒后驾驶，做到谨慎驾驶，确保安全行车。

2. 驾驶人员应严格遵守车辆操作规定，加强车辆的安全检查，确保无故障出车。

3. 发生任何事故必须第一时间报告行政办公室。

三、维修、维护管理

1. 企业车辆实行定点维修，一般由驾驶员拟定"维修报告"（附维修清单），交行政办公室审核、确认，由企业领导审批方可安排维修或

保养。

2. 车辆卫生清洁，由行政办公室安排地点清洁，费用由企业承担，行政办公室负责车辆卫生的监督和检查。

3. 因公出差途中，车辆发生故障需及时维修，须经随车领导批准、电话告知综合管理部后即可安排维修，并将旧部件带回企业，凭有效票据进行费用核销，凡未经许可，私自维修的费用由责任人自行承担。

四、油料管理

1. 实行统一管理，定点（中国石化）加油，分车核算，由行政办公室每月通报里程数、油量使用情况。主卡由行政办公室负责保管，定时补充分卡金额。

2. 除长途行车和特殊情况，不得自行购买油料。车辆外出途中需购买油料，必须电话请示行政办公室，由用车领导批准后方可购买及办理报销。

五、车辆违规处理规定

1. 凡发生行车事故者必须写出书面报告，根据事故损失，保险企业赔付除外的不足部分，按30%在当月效益工资中扣除，事故情节严重者，经"总经理办公会"研究确定如何进一步处罚。

2. 驾驶员或车辆使用人将车辆私自交由他人驾驶，或擅自出车发生事故由驾驶员或车辆使用人承担所有责任，并罚款100元/次。

3. 所有驾驶人员工作时间未按指定地点停放，发现一次，处罚当事人50元，在当月工资中扣除。

4. 凡违反交通法规受到交警部门处罚，由车辆使用人当月处理，承担所有费用。

5. 酒后驾车发生事故，驾驶员或车辆使用人承担全部责任。

6. 驾驶人员私自将油料外流，一经发现，给予解聘处理。

7. 驾驶员无故不出车，给予解聘处理。

8. 所有配备车辆的领导，回家后车辆须停放小区物业指定位置或停车场，不得将车交他人（含家人）驾驶，发现一次，收回车辆；如出现车辆丢失，及时报司法部门处理；如未按规范停车导致车体受损，保险外的损失额由驾驶人员按以下比例承担：（1）1000元以内，承担50%；

（2）1000元以上，按30%承担维修费用。

9. 工作期间企业领导办事，原则上不得自驾车辆。驾车不当或野蛮操作造成机件损坏的，给予200元罚款。

10. 非工作时间企业领导用车：

①超出本市（包括三县）必须报告行政办公室。

②无特殊情况应做到随叫随到，保障企业用车。

③车辆用车发生事故，使用人应负全部责任。

11. 每年年审前必须清除所有车辆的违章记录，违章费用由使用人承担。

12. 本制度与原制度不一致，依此为准。

13. 本制度自2010年6月1日起执行，由行政办公室负责解释。

考勤管理制度

一、企业员工必须自觉遵守劳动纪律，按时上下班，不迟到，不早退，工作时间不得擅自离开工作岗位，外出办理业务前，须经本部门负责人同意；部门经理及以上人员外出时，需向行政办公室说明去向，特殊情况经总经理同意。

二、作息时间：每周工作五天，加班可于事后调休。

上午：8：00-11：30

下午：13：30-17：30

如有调整，以新公布的工作时间为准，下属各部门、分企业工作时间自行安排，报企业分管领导批准后执行。

三、考勤

1. 企业员工上、下班（30分钟以内为迟到或早退、30分钟以上则视为旷工）迟到、早退一次，罚款50元，两次，罚款200元，月累计三次及以上情节严重者，降职使用或按自动离职处理。

2. 无故不办理请假手续，而擅自不上班，按旷工处理。

四、事假

企业员工因事需请假，须持书面请假报告，经部门经理签字同意报综合管理部。

五、病假

企业员工因病治疗或休息，须持区级以上医院医疗机构休息证明，经批准后方可休病假。

六、婚假

企业员工结婚可凭书面报告请婚假三天，其配偶在外地居住者另加往返路程假，符合晚婚年龄的初婚者增加婚假二十天。

七、工伤假

1. 企业员工在生产工作中因工负伤，在取得规定的因工证明材料后，凭医院的医疗休息证明方可批准休假。

2. 员工因工致残丧失或部分丧失劳动能力必须长期休息者，由相关劳动保障部门和医疗鉴定部门根据《劳保条例》研究处理。

八、丧假

1. 员工配偶、直系亲属及岳父母、公婆死亡可请假三天，其死者在外地可另加往返路程假。

2. 员工书面报告（或电话告知部门负责人），由部门经理、分管领导签字后，经行政办公室报总经理批示。

九、事假、病假、婚假、工伤假

员工请假部门负责人有三天之内审批权，三天以上由行政办公室分管领导签字后，报总经理批示。部门副经理及以上人员请假或调休等，必须提前到行政办公室请假并办理手续，一天以内由行政办公室批准，一天以上报总经理批示。否则，按旷工处罚。

十、旷工

1. 员工旷工一次，时间不超过半天，罚款300元，超过一天，罚款600元,以此类推

2. 累计旷工两天以上，降职使用或按自动离职处理。

十一、怠工

员工上班时间禁止做与工作无关的事情。如，上网打牌、下棋、查阅无关资料等。发现一次员工罚款200元、部门负责人罚款500元，发现两次员工罚款500元、部门负责人罚款1000元，两次以上按自动离职处理。部门负责人违反一次罚款1000元，两次扣年终奖10%或降职使用，情节严重者加重处罚。

十二、参加企业组织的会议、培训、学习、或其他活动，如有事需请假的，必须提前向组织或带队人员请假。在规定时间内迟到、早退、不参加的，按照本制度第三条规定处理。

十三、日常考勤工作由综合管理部负责。员工迟到、早退而部门负责人弄虚作假、包庇袒护的，一经查实，将给予部门负责人每次5%的年终奖

处罚，两次以上者累计一并扣除或加重处罚。

十四、婚假、产育假、丧假按相关规定办理，假期内发放基本工资；病、事假扣发假期内全额工资。

十五、凡受本制度处罚的员工，扣发其该年度一定数额的年终奖。

出差管理制度

为了适应市场经济变化，保证出差人员工作与生活的需要，规范差旅费管理，结合本企业实际，特制定本规定。

一、本规定适用于企业全体员工。

二、差旅费开支范围主要包括交通费、住宿费、伙食补助费及津贴等。

三、交通费、住宿费凭据报销。伙食补助费、津贴实行定额包干。

四、员工因公出差，应事先填写《出差计划申请单》，经部门负责人、分管领导或总经理批准。如因事情紧急而未能及时填表，须事先由部门负责人口头报告，等返回企业后，应立即补办手续，具体操作程序如下：

1. 填写《出差计划申请单》，注明预计出差时间、到达地点，报行政办公室办理相关报批事宜。

2. 出差人员可根据报批后的《申请单》填写《借款单》，按《借款规定》报批后，向财务部预支差旅费。

3. 出差人返回后七日内应按《报销规定》办理报销手续，并注明实际出差日期、起讫地点、工作内容、报销项目、金额等。

五、出差人员按照标准乘坐交通工具，凭据报销交通费。乘坐交通工具的标准见下表：

级别＼交通工具	飞机	轮船	火车	其他交通工具
总经理	头等舱或公务舱	一等舱	软席（软座、软卧）	凭据报销
副总经理、总经理助理	经济舱	二等舱	软席（软座、软卧）	凭据报销
经理、副经理	经济舱	三等舱	硬席（硬座、硬卧）	凭据报销
其他		三等舱	硬席（硬座、硬卧）	凭据报销

六、出差人员夜间乘坐交通工具达6小时以上或连续乘坐超过10小时的可选择相应等级的交通工具。

七、出差人员乘坐飞机、火车软卧、动车组从严控制。未达到级别，因出差路途较远或出差任务紧急的，事前经总经理批准后方可乘坐。凡事前未经批准自行改变交通工具而产生的费用，差额部分由本人承担。

八、自带汽车出差不享受相应的市内交通费。

九、住宿费标准见下表（单位：元/天）

级别		住宿标准（元）
总经理		200~400
副总经理、总经理助理		160~220
经理、副经理、经理助理、主任、副主任		160~180
员工	单人	100
	双人	60

十、随领导出差，可根据情况参照领导的住宿标准。

十一、特殊情况需超出标准，必须经相关领导同意，否则超额部分自行承担。

十二、出差期间根据出差性质，给予一定的伙食补助，见下表（单位：元/天）：

伙食补助		40元
标准	早餐	10元
	中餐	15元
	晚餐	15元

1. 出差时间不足一天按以上标准补助误餐费。连续出差首日12:00前按一天计；回程日18:00后按一天计。

2. 外出参加会议或学习培训期间的食宿费用由会议主办方支付的，不报销伙食补助，只报在路途期间的伙食补助费。

3. 接待单位负责食宿费用的不再发放伙食补助。

4. 工作人员出差期间，事先经总经理批准就近办理私事的，其绕道的交通费由出差人自行承担，且期间不发伙食补助费。

5. 出差期间，确因工作需要宴请时，经汇报同意后按《招待管理》规定办理，但取消当日相应的伙食补助。

十三、外出参加会议，食宿由会议主办方统一安排的，会议期间的食宿费可按会议规定开支，凭会议通知和票据报销。

十四、驾驶员出差津贴（单位：元/天）

驾驶员出差离开本市及三县地区享受出差津贴：25元/天，返回企业后及时填写《差旅费报销单》，按照程序办理报销手续。其他人员驾驶车辆不享受该项津贴。

十五、企业员工出差期间，因游览或非工作需要的参观而开支的一切费用，由个人自理。

十六、因保管不当丢失交通票据，必须由本人写书面说明并提供旁证，经相关部门领导审批后才能报销。

十七、本规定由行政办公室负责解释。

十八、本规定自2010年6月1日起执行，原相关规定同时作废。

通讯管理制度

为提高办事效率，精减话费，本着厉行节约的原则，特订立本规定。

一、固定电话

1. 部门因业务或工作需要安装电话，应由所需部门提出书面申请报告送呈行政办公室办，经总经理批示后由行政办公室联系装机事宜。

2. 各部门安装固定电话后不得随意移动，在使用过程中应轻拿轻放，如使用不当应照价赔偿。

3. 内线电话主要用于机关各部门间的短暂联系或传达通知等，严禁谈心或长时间通话，一经发现将处罚20元。

4. 禁止拨打与业务无关的电话，未经许可擅自拨打者每次予以10元的经济处罚。

5. 业务需要拨打长途，应严格控制和掌握通话时间，杜绝电话里吹牛谈心。

6. 因各部门电话由其负责人监督管理，并有权拒绝非本部门人员使用电话。

7. 企业员工应自觉遵守本规定，部门负责人对本部门电话使用负有监督管理责任，严重不负责的处罚20元。

二、移动电话

1. 企业为提供话费补助人员提供电话卡，总经理级别500元/月，副总经理级别300元/月，部门主管（经理及经理助理级别）200元/月，管理人员（副主任以上级别）150元/月，实习期人员50元/月，正式员工（含试用期）100元/月。

2. 企业补助话费人员在上班时间必须保持畅通，凡发现电话联系不畅，每次予以50元经济处罚，对工作造成损失，将予以重罚，三次以上，降低原话费补助标准。

企业宴请接待制度

为进一步加强企业管理，严格控制和规范各项开支，本着"厉行节约、注重实效"的原则。结合企业实际，现将《招待管理及审批程序》修订为《招待费管理办法》。

第一条 本办法规范了招待费的使用范围、标准等。

第二条 适用于企业需要对内、外的各项招待：上级及有关职能部门、相关业务单位、同行业、各类会议、拜访等招待。

第三条 招待费包括：餐饮、娱乐、住宿、旅游、礼品（如纪念品、购物卡、烟酒、茶叶）、会务等费用。

第四条 用餐程序及标准

1. 各部门承办招待事项，由经办人填写《招待审批表》（见附表），说明招待项目、对象、人数及费用，经部门经理和分管领导批准后，交综合管理部订餐、报批，必要时申请部门需向总经理说明。

2. 因工作需要进行招待，必须严格执行事前审批、事后监督程序。特殊情况不能及时填报，必须电话请示相关领导，得到批准后办理相关招待事宜，事后及时补报《招待审批表》。

3. 宴请招待参照标准：

序号	职务	标准（元/人）	备注
1	总经理	120	
2	副总经理、总经理助理	100	含酒水费
3	经理、副经理、经理助理	80	
4	其他人员	60	

4. 用餐地点：原则上在协议酒店，凭综合管理部签发的审批表用餐，就餐完毕按授权签单。综合管理部每月负责与协议酒店进行对帐，并按照

报销程序办理结帐手续。

5. 招待陪同：招待就餐，原则上陪同人员不得多于来客人数，特殊情况下，经分管领导批准可适当增加陪餐人数。

6. 招待用烟、酒：因宴请招待或日常招待需要用烟、酒，由经办人按程序办理出库手续，2包或2瓶以上数据需报总经理批准。

第五条　因工作需要安排客人娱乐的，按上述程序填写《招待审批表》经审批后办理。

第六条　来宾住宿费用标准

1. 来宾住宿费原则上自理，确需由本企业负责报销的，经审批后办理。

2. 对住宿费由我企业承担的，各部门按招待手续办理后，报综合管理部统一安排。

第七条　旅游费用

来宾需安排旅游，经审批后报销旅游相关费用。

第八条　礼品、会务

因工作特殊需要礼品（如纪念品、购物卡、烟酒、茶叶等）、安排会务，按下列程序办理：由项目实施部门负责人提出活动经费预算申请报告，详细说明项目所需费用的各项列支情况，报送综合管理部，由综合管理部交总经理审批后统一负责实施。

第九条　其他

1. 所有不符合招待审批规定的，如事先未及时填写《招待审批表》或未批准而擅自招待的，财务部一律不予报销。

2. 各项招待费用如超过标准（预算），均需另行报告、批准，未经批准的不予报销。

3. 严禁企业内部相互宴请或作他用，一经发现，按所花费用的双倍在本人的工资中扣除。

4. 严禁利用职务之便，以企业名义招待亲属、朋友，经查实对当事人作开除处分。情节严重者，将追究其法律责任。

5. 招待用餐需饮酒的，必须适量，不得因酒误事或损害企业形象。

6. 企业各级人员应勤俭节约、廉洁奉公、遵纪守法，严格执行财务制度，不得以任何理由任意扩大招待范围和开支标准，对违规违纪者除财务部拒绝予以报销外，还须追究相关当事人的责任。

第十条　本规定由行政办公室负责解释。

第十一条　本规定自2010年6月1日起执行。

员工工作餐管理规定

为加强企业员工工作餐的规范管理，特制定本规定。

一、企业员工工作餐标准一律规定为15元/餐。

二、行政办公室根据企业各部门的人数、班次及就餐数进行统计。

三、如有人员、班次变动，各部门应及时上报行政办公室，由行政办公室核对后通知快餐排档变更，如无变更，行政办公室则根据前期上报数核定后通知快餐排档。

四、每月底，快餐排档结算餐费时，须经行政办公室认真核对，签字确认后方可报销。

五、为员工安排的工作餐也是企业人性化管理的体现，中午就餐员工原则上不回家，可在企业范围内开展各项文体活动，因家中有事确需回家，不允许就餐后再回家。

借款和报销的规定

为进一步完善财务管理，严格执行财务制度，依据企业的规范化管理要求，特制定本标准及程序。企业各部门一切费用开支和财务开支，由企业总经理负责，实行一支笔审批制度。

一、借款审批及标准

（一）出差人员借款，必须先填写"借款凭证"，经部门负责人或分管领导同意后，经财务核准，报总经理批示，方可借款。前次借款出差返回时间超过三天无故未报销者，不得再借款。

（二）外单位、个人因私借款，填写"借款凭证"后，经总经理批准后，方可借款。凡企业职工借用公款，在原借款未还清前，不得再借。企业员工借款，原则上不得超过借款人当月工资数，如有特殊情况，须先经总经理批准后，方可借款。

（三）借款出差人员回企业后，七天内应按规定到财务部报账，报账后结清所欠部分金额。七天内不办理报销手续的，财务部门负责监督借款人还清全部借款。否则，财务部门有权在当月工资中扣除，不足部分由借款人补齐，并扣罚当月30%效益工资。

（四）其他临时借款，如业务费、备用金等，按相关规定办理。

（五）允许借款范围

1. 阶段性预付款（按进度付款）。如土建工程，购机械设备、大宗材料等。

2. 采购零星材料，累计达100元以上的。

3. 出差人员必须随身携带的差旅费。

4. 企业规定部门或人员所需的备用金。每年初各部门、分公司以书面报告形式核定备用金标准交行政办公室，经分管领导签字后，报总经理批示后执行。

5. 确实需要现金支付的其他支出。

（六）不允许借款范围

1. 没有特殊情况，代替其他单位和个人垫付的各种款项

2. 未经审批的任何借款。

二、固定资产及低值易耗品采购标准及审批

1. 各部门需新购入固定资产和单价在200元以上的低值易耗品，由各部门先作好采购计划，并以书面形式报告，经分管领导、综合管理部、财务部签字核准，报企业总经理批准后，方可购买。如需向企业借款，按第一条标准执行。

2. 各部门添置其他低值易耗品，应本着节约的原则，确实需要添置的情况下才添置。各部门应事先填好购物申请单，报行政办公室、财务部审核，由行政办公室统一购买。

三、各项费用报销要求

1. 报销单据必须是带税务章的发票，否则不予报销。

2. 报销单据不管多少均须贴报销封面，报销封面须用钢笔填写，同时，不同经济内容的发票要分门别类予以报销。

3. 报销手续要齐全完备

报销的正常程序是：经办人、证明人签字，注明事由，部门负责人签字，经分管领导签字、财务部门审核、总经理审批后报销。

根据财务管理要求，凡购买实物均须有验收人签字并附入库单，否则不予报销。

四、补充说明

如总经理出差在外，则应由总经理签署指定代理人，交财务部备案，指定代理人可在期间内行使相应的审批权力。

员工招聘、调动、离职等规定

一、招聘

1. 用人部门根据实际工作需要填报"用工"申请表，向人力资源部申请并提出招聘岗位的基本要求（如年龄、性别、学历等）。

2. 由人力资源部根据企业用工需求拟定招聘计划，经分管领导审核，报总经理批准。

3. 人力资源部经市"人才市场"、"人力资源市场"收集应聘人员相关资料后再进行初步筛选，根据情况组织笔试和面试，经初选合格后，经分管领导审核，报总经理批准，办理试用手续。

4. 部门经理助理以上人选由分管领导和总经理亲自笔试和面试。

5. 员工的试用期为一至三个月。试用期满，可聘为企业合同制员工并与企业签订劳动合同，企业将根据国家劳动和社会保障部的相关规定办理"养老保险"等手续。

二、任免

需企业任免的干部必须由总经理批准，以企业文件为准。

三、员工调动

1. 企业干部和员工在企业范围内调动，由用人部门提出拟调人员申请，行政办公室征求双方负责人意见后，报总经理批准。

2. 企业各部门需增加人员，须向人力资源部提出用工申请，由行政办公室负责调配或招聘。

3. 企业干部和员工持行政办公室开具的"职工调动通知书"，在原任职部门办理完交接手续后，再到新任部门报到。调离人员到新单位后，以实际聘任岗位和任职时间为准，其相关待遇以月度分段实施。

四、离职

1. 试用人员离职应提前三日写出书面辞职报告，由用人部门填报"辞

退员工审批表"，经批准后到人力资源部办理辞退手续。

2. 员工与企业签订劳动合同后，双方都必须严格履行合同，用人部门不准无故辞退员工，确须辞退时应向人力资源部说明辞退原因。

3. 合同期内员工辞职的，必须提前一个月向企业提出书面辞职报告，由部门负责人签署意见，经企业分管领导签字，报总经理批准。由行政办公室予以办理辞职手续。

4. 员工本人辞职、被企业辞退、开除或提前终止劳动合同等，在离开企业以前，必须交还企业财物（如文件及相关业务资料等）。员工未经批准而自行离职的，企业不予办理任何手续；给企业造成损失的，应负赔偿责任。

计算机管理规定

一、企业计算机由行政办公室负责管理和维护，行政办公室经理监督计算机管理规定的执行。

二、未经计算机管理人员许可，任何人不得擅自开机。

三、未经培训的员工，应在计算机管理人员的陪同下进行上机操作，以免丢失重要文件。

四、不得在计算机上放光碟、玩游戏或做与工作无关的事情。一经查实，严重处罚。

五、上网只允许查寻与工作有关的资料和信息，严禁进入聊天或游戏室。一经发现，严重处罚。

六、企业起草的文稿，非特殊情况应在显示屏上直接校稿，方可打印。

七、计算机管理人员要定期对电脑进行维护和保养，以确保计算机处于最佳状态。

八、计算机管理员应对经批准的上机操作人员，做好备忘录，以免责任界定不清。

九、非企业人员上机操作，须经计算机管理人员许可，并在计算机管理人员的陪同下进行操作，且严禁打开企业各项文档。否则，给予当事人处罚。

十、离开计算机时，保持计算机待机状态，下班时，关闭计算机。

合同管理制度

为加强合同管理，避免失误，提高经济效益，根据《合同法》及其他有关法规的规定，结合企业的实际情况，制定本制度。

一、企业对外签订的各类合同一律适用本制度。

二、合同管理是企业管理的一项重要内容，搞好合同管理，对于企业经济活动的开展和经济利益的取得，都有积极的意义。各级领导干部、法人委托人以及其他有关人员，都必须严格遵守、切实执行本制度。各有关部门必须互相配合，共同努力，搞好企业以"重合同、守信誉"为核心的合同管理工作。

三、合同谈判须由总经理或副总经理与相关部门负责人共同参加，不得一个人直接与对方谈判合同。

四、签订合同必须遵守国家的法律、政策及有关规定。对外签订合同，除法定代表人外，必须是持有法人委托书的法人委托人，法人委托人必须对本企业负责。

五、签约人在签订合同之前，必须认真了解对方当事人的情况。

六、签订合同必须贯彻"平等互利、协商一致、等价有偿"的原则和"价廉物美、择优签约"的原则。

七、合同除即时清结者外，一律采用书面格式，并必须采用统一合同文本。

八、合同对各方当事人权利、义务的规定必须明确、具体，文字表达要清楚、准确。

合同内容应注意的主要问题是：

1.部首部分，要注意写明双方的全称、签约时间和签约地点。

2.正文部分：合同的内容包括工程范围、建设工期，中间交工工程的开工和竣工时间，工程质量、工程造价、技术资料交付期间、材料和设备供应责任，拨款和结算、竣工验收、质量保修范围和质量保证期、双方相互协作等条款；产品合同应注明产品名称、技术标准和质量、数量、包装、运输方式及运费负担、交货期限、地点及验收方法、价格、违约责任等

3. 结尾部分：注意双方都必须使用合同专用章，原则上不使用公章，严禁使用财务章或业务章，注明合同有效期限。

九、签订合同：除合同履行地在我方所在地外，签约时应力争协议合同由我方所在市人民法院管辖。

十、任何人对外签订合同，都必须以维护本企业合法权益和提高经济效益为宗旨，决不允许在签订合同时假公济私、损公肥私、谋取私利，违者依法严惩。

十一、合同在正式签订前，必须按规定上报领导审查批准，在律师确审核认之后方能正式签订。

十二、合同审批权限如下：

1. 一般情况下合同由律师审核确认无误后再由部门负责人审批。

2. 下列合同由律师审核确认后经总经理审批：

标的超过50万元的；投资10万元以上的联营、合资、合作、涉外合同。

3. 标的超过企业资产1/3以上的合同由全体股东审批。

十三、合同原则上由部门负责人具体经办，拟订初稿后必须经分管副总经理审阅后按合同审批权限审批。重要合同必须经法律顾问审查。合同审查的要点是：

1. 合同的合法性。包括：当事人有无签订、履行该合同的权利能力和行为能力；合同内容是否符合国家法律、政策和本制度规定。

2. 合同的严密性。包括：合同应具备的条款是否齐全；当事人双方的权利、义务是否具体、明确；文字表述是否确切无误。

3. 合同的可行性。包括：当事人双方特别是对方是否具备履行合同的能力、条件；预计取得的经济效益和可能承担的风险；合同非正常履行时可能受到的经济损失。

十四、根据法律规定或实际需要，合同还应当或可以呈报上级主管机

关鉴证、批准，或报工商行政管理部门鉴证，或请公证处公证。

十五、合同依法成立，即具有法律约束力。一切与合同有关的部门、人员都必须本着"重合同、守信誉"的原则。严格执行合同所规定的义务。

十六、合同履行完毕的标准，应以合同条款或法律规定为准。没有合同条款或法律规定的，一般应以物资交清，工程竣工并验收合格、价款结清、无遗留交涉手续为准。

十七、总经理、副总经理、财务部及有关部门负责人应随时了解、掌握合同的履行情况，发现问题及时处理或汇报。否则，造成合同不能履行、不能完全履行的，要追究有关人员的责任。

十八、在合同履行过程中，碰到困难的，首先应尽一切努力克服困难，尽力保障合同的履行。如实际履行或适当履行确有人力不可克服的困难而需变更，解除合同时，应在法律规定或合理期限内与对方当事人进行协商。

十九、对方当事人提出变更、解除合同的，应从维护本企业合法权益出发，从严控制。

二十、变更、解除合同，必须符合《合同法》的规定，并应在企业内办理有关手续。

二十一、变更、解除合同的手续，应按本制度规定的审批权限和程序执行。

二十二、变更、解除合同，一律必需采用书面形式（包括当事人双方的信件、函电、电传等），口头形式一律无效。

二十三、变更、解除合同的协议在未达成或未批准之前，原合同仍有效，仍应履行。但特殊情况经双方一致同意的例外。

二十四、因变更、解除合同而使当事人的利益遭受损失的，除法律允许免责任的以外，均应承担相应的责任，并在变更、解除合同的协议书中明确规定。

二十五、以变更、解除合同为名，行以权谋私、假公济私之实，损公肥私的，一经发现，从严惩处。

二十六、合同在履行过程中如与对方当事人发生纠纷的，应按《合同法》等有关法规和本《制度》规定妥善处理。

二十七、合同纠纷由有关业务部门与法律顾问负责处理，经办人对纠纷的处理必须具体负责到底。

二十八、处理合同纠纷的原则是：

1. 坚持以事实为依据、以法律为准绳，法律没规定的，以国家政策或合同条款为准。

2. 以双方协商解决为基本办法。纠纷发生后，应及时与对方当事人友好协商，在既维护本企业合法权益，又不侵犯对方合法权益的基础上，互谅互让，达成协议，解决纠纷。

3. 因对方责任引起的纠纷，应坚持原则，保障我方合法权益不受侵犯；因我方责任引起的纠纷，应尊重对方的合法权益，主动承担责任，并尽量采取补救措施，减少我方损失；因双方责任引起的纠纷，应实事求是，分清主次，合情合理解决。

二十九、在处理纠纷时，应加强联系，及时通气，积极主动地做好应做的工作，不互相推诿、指责、埋怨，统一意见，统一行动，一致对外。

三十、合同纠纷的提出，加上由我方与当事人协商处理纠纷的时间，应在法律规定的时效内进行，并必须考虑有申请仲裁或起诉的足够的时间。

三十一、凡由法律顾问处理的合同纠纷，有关部门必须主动提供下列证据材料。

1. 合同的文本（包括变更、解除合同的协议），以及与合同有关的附件、文书、传真、图表等。

2. 送货、提货、托运、验收、发票等有关凭证。

3. 货款的承付、托收凭证，有关财务帐目。

4. 产品的质量标准、封样、样品或鉴定报告。

5. 有关方违约的证据材料。

6. 其他与处理纠纷有关的材料。

三十二、对于合同纠纷经双方协商达成一致意见的，应签订书面协议，由双方代表签字并加盖双方单位公章或合同专用章。

三十三、对双方已经签署的解决合同纠纷的协议书，上级主管机关或仲裁机关的调解书、仲裁书，在正式生效后，应复印若干份，分别送与对

该纠纷处理及履行有关的部门收执，各部门应由专人负责该文书执行的了解或履行。

三十四、对于当事人在规定的期限届满时没有执行上述文书中有关规定的，承办人应及时向主管领导汇报。

三十五、对方当事人逾期不履行已经发生法律效力的调解书、仲裁决定书或判决书的，可向人民法院申请执行。

三十六、在向人民法院提交申请执行书之前，有关部门应认真检查对方的执行情况，防止差错。执行中若达成和解协议的，应制作协议书并按协议书规定办理。

三十七、合同纠纷处理或执行完毕的，应及时通知有关单位，并将有关资料汇总、归档，以备考。

三十八、本企业对合同实行二级管理、专业归口制度，法人委托书制度，基础管理制度。

三十九、本企业合同管理具体是：

企业由总经理负责，归管理部门为财务部、办公室；副总经理管理；各部门具体负责各自授权范围内的合同谈判、拟稿及履行工作。

四十、企业所有合同均由办公室统一登记编号、经办人签名后，按审批权限分别由总经理或其他书面授权人签署。

四十一、办公室会同有关部门认真做好合同管理的基础工作。具体如下：

1. 建立合同档案。

2. 建立合同管理台帐。

3. 填写"合同情况月报表"。

卫生管理规定

为创造一个舒适、优美、整洁的工作环境，树立企业的良好形象，制定本制度。

一、企业环境卫生管理的范围为企业总部及下属各部门、分企业的工作、生活区域和公共区域的卫生。

二、全企业范围内的室内、外环境卫生保持干净整洁，如，办公桌椅、照明灯、电风扇、空调、门窗、四壁、书橱、档案橱及其附属等物品，要求物品摆放整齐，室内外环境卫生清洁干净、无蛛网、无灰尘，各类座套干净整洁；电脑、打印机等设备保养良好，厕所墙面、地面、便池清洁干净无杂物、无异味；绿地内无杂草、杂物。

三、卫生清洁实行部门责任制，每日环境卫生以值日表为准，各部门负责人为责任人。各办公室的卫生由办公室自行负责。公共区域卫生实行区域划分并责任到人。

四、责任区卫生清理每周集中进行一次，日常保洁由行政办公室随时进行卫生检查。发现当日不做卫生，一次50元，二次100元，多次累计一并扣除，部门领导一次100元、二次200元，二次以上与效益工资挂钩，降职使用或按自动离职处理。

五、各部门要认真对待清洁卫生和卫生检查工作，积极主动地搞好卫生清洁，不得因卫生清洁而影响各部门整体考核。

六、卫生检查考核评比结果累计存档汇总，列入当月及年终考核工作，并与年终奖挂钩。

财务管理制度

　　为进一步完善财务管理，根据国家有关法律、法规及财务制度，做到分工明确，责任到人，结合企业具体情况，制定本制度。

　　一、财务管理工作必须严格执行财经纪律，以提高经济效益、壮大企业经济实力为宗旨，财务管理工作要贯彻"勤俭办企业"的方针，勤俭节约、精打细算、在企业经营中制止浪费和一切不必要的开支，降低生产成本，提高利润。

　　二、企业设财务部，财务总监协助总经理对企业财务进行管理。

　　三、出纳员不得兼任会计档案保管和债权债务帐目的登记工作。

　　四、财会人员都要认真执行岗位责任制，各司其职，互相配合，如实反映和严格监督各项经济活动。记帐、算帐、报帐必须做到手续完备、内容真实、数字准确、帐目清楚、日清月结、近期报帐。

　　五、财务人员在办理会计事务中，必须坚持原则，照章办事。对于违反财经纪律和财务制度的事项，应拒绝办理，并及时向相关领导报告。

　　六、财务人员力求稳定，不随便调动。财务人员调动工作或因故离职，必须与接替人员办理交接手续，没有办清交接手续的，不得离职，亦不得中断会计工作。移交交接包括移交人经管的会计凭证、报表、帐目、款项、印章、实物及未了事项。

　　七、企业"财务专用章"由财务总监保管，因出差、开会、请假等原因应委托他人临时保管，同时有文字记录备案。但被委托人不得同时保管印章和票据。在使用"财务专用章"过程中必须登记详细的使用用途，同时"财务专用章"必须按以下规定用途使用：

　　①作为银行印鉴分别在指定的各开户银行备案使用，不得混用；

　　②收款、付款、资金调拨等业务结算票据盖章；收据、发票盖章；

　　③办理企业相关金融业务。

八、发票专用章由财务部经理保管并监督使用，建立登记制度。

九、各类票据管理：

①承兑汇票指定专人负责管理,管理人员要详细登记台账；

②企业从税务部门购买的发票由指定专人保管，必须在规定的范围内使用，发票开具要完整、字迹清楚、印章齐全。作废时要加盖"作废"字样，并全份保存，不得自行销毁；

③企业所有的现金支票由出纳保管，出纳根据企业的经营需要合理提取现金，尽量避免大额支取。其余支票应由指定人保管，开出转账支票或电汇必须有完备的付款手续方可转账或电汇；

④收款收据是企业收取现金时开出的凭据，企业印制统一的收款收据，连号不重复，收款收据由财务部统一保管。各部门领用时由经办人到财务登记并应登记起讫号码。《收据》用完后交财务部验旧领新。在开具收据时作废的要全份保存，不得丢失，企业将不定期对票据（承兑汇票、发票、现金支票、转账单、收据）进行检查，发现问题，及时纠正，如发现重大失误或失职，处以重罚，直至追究法律责任。

十、企业"借条"除经总经理特批外，其余一律按企业有关制度执行。

十一、本制度自2014年1月1日起执行。

十二、本制度解释权归财务部。

财务报销管理制度

一、总则

1. 为了加强企业内部管理，规范企业财务报销行为，倡导一切以业务为重的指导思想，合理控制费用支出，特制定本制度。

2. 本制度根据相关的财经制度及企业的实际情况，将财务报销分为日常办公费用、工薪福利及相关费用、税费支出、工程相关支出及专项支出等，以下分别说明报销相关的借款流程及各项支出具体的财务报销制度和报销流程。

3. 本制度适用企业全体员工。

二、日常费用报销流程

日常费用主要包括差旅费、电话费、交通费、办公费、低值易耗品及备品备件、业务招待费、培训费、资料费等。在一个预算期间内，各项费用的累计支出原则上不得超出预算。

三、费用报销的一般规定

1. 报销人必须取得相应的合法票据，且发票背面有经办人签名。

2. 填写报销单应注意：根据费用性质填写对应单据；严格按单据要求项目认真写，注明附件张数；金额大小写须完全一致（不得涂改）；简述费用内容或事由。

3. 按规定的审批程序报批。

4. 报销5000元以上需提前一天通知财务部，以便备款。

5. 费用报销的一般流程：报销人整理报销单据并填写对应费用报销单→须办理申请或出入库手续的应附批准后的申请单或出入库单→部门经理审核签字→财务经理→总经理审批→到出纳处报销。

四、工薪福利支付流程

（一）工资支付流程

1. 每月20日由人力资源部将本月经企业总经理审批后的工资支付标准（含人员变动、额度变动、扣款、社会保险及住房公积金等信息）转交财务部。

2. 总经理提供职工年度奖金分配表。

3. 财务部根据奖金表及支付标准编制标准格式的工资表。

4. 按工薪审批程序审批。

5. 每月10日由财务部支付上月工资。

6. 每月末之前员工到财务部领工资条并与工资卡内资金进行核实。

（二）社会保险支付流程

1. 社会保险金由财务部协助人力资源部办理银行托收手续，财务部收到银行托收单据应交人力资源部专人签字确认，若有差异应查明原因并按实际情况进行调整。

2. 其他福利费支出由企业人力资源部按审批后的支付标准填写报销单→经部门经理签字确认→财务经理→报总经理审批，审批后的报销单及支付标准交财务部办理报销手续。

五、专项支出财务报销流程

专项支出主要包括软件及固定资产购置、咨询顾问费用、广告宣传活动费及其他专项费用等。

1. 填写购置申请：按企业《资产管理制度》相关规定填写《资产购置申请单》并报批。

2. 报销标准：相关的合同协议及批准生效的购置申请。

3. 结账报销：

①资产验收（软件应安装调试）无误后，经办人凭发票等资料办理出入库手续，按规定填写报销单（经办人在发票背面签字并附出入库单）；

②按资金支出规定审批程序审批；

③财务部根据审批后的报销单以支票形式付款；

④若需提前借款，应按借款规定办理借支手续，并在5个工作日内办理报销手续。

六、其他专项支出报销流程

1. 费用范围：其他专项支出包括其他所有专门立项的费用（含咨询顾问、广告及宣传活动费、企业员工活动费用、办公室装修及其他专项费用）支出。

2. 费用标准：此类费用一般金额较大，由主管部门经理根据实际需要向总经理提交请示报告（含项目可行性分析、费用预算及相关收益预测表等），经总经理签署审核意见后报董事长及其授权人审批。

3. 财务报销流程

①审批后的报告文件到财务部备案，以便财务备款。

②签订合同：由直接负责部门与合作方签订正式合作合同，（合同签订前由企业法律顾问的审核，合同应注明付款方式等）。

③付款流程：

A.由经办人整理发票等资料并填写费用报销单（填写规范参照日常费用报销一般规定）；

B.按审批程序审批：主管部门经理审核签字→财务经理→总经理审批；

C.财务部根据审批后的报销单金额付款；

D.若需提前借款，应按借款规定办理借支手续，并在5个工作日内办理报销手续。

七、附则

1. 本制度解释权归企业财务部。

2. 本制度经总经理办公会议讨论通过并经过总经理签字通过。

员工工资发放管理制度

一、总则

1. 按照企业经营理念和管理模式，遵照国家有关劳动人事管理政策和企业其它有关规章制度，特制定本制度。

2. 本制度适用于企业全体员工（临时工除外）。本制度所指工资，是指每月定期发放的工资，不含奖金和风险收入。

二、工资结构

1. 员工工资由固定工资、绩效工资两部分组成。

2. 工资包括：基本工资、岗位工资、加班工资、职务津贴、住房补贴、餐饮补贴、交通补贴。

3. 固定工资是根据员工的职务、资历、学历、技能等因素确定的、相对固定的工作报酬。固定工资在工资总额中占60%。

4. 绩效工资是根据员工考勤表现、工作绩效及企业经营业绩确定的、不固定的工资报酬，每月调整一次。绩效工资在工资总额中占0~40%。

5. 部门经理每月对员工进行考核，确定绩效工资发放比例并报行政部审核、经行政总经理审批后交财务部作为工资核算依据。

6. 员工工资扣除项目包括：个人所得税、缺勤、扣款（含贷款、借款、罚款等）、代扣社会保险费、代扣通讯费等。

三、工资系列

1. 企业根据不同职务性质，分别制定管理层、职能管理、生产、营销五类工资系列。

2. 管理层系列适用于企业总经理、副总经理。

3. 职能管理工资系列适用于从事行政、财务、人事、质管、物流等日常管理或事务工作的员工。

4. 生产工资系列适用于生产部从事生产工作的员工。

5. 营销工资系列适用于销售部销售人员（各项目部销售人员可参照执行）。

四、工资计算方法

1. 工资计算公式：

应发工资=固定工资+绩效工资

实发工资=应发工资－扣除项目

2. 工资标准的确定:根据员工所属的岗位、职务，依据岗位工资评定标准确定其工资标准。

3. 绩效工资与绩效考核结果挂钩，试用期与实习期员工不享受绩效工资。

4. 绩效工资确定

①员工在规定工作时制外继续工作者，须填写《加班申请表》并经本部门主管及行政部批准后方可以加班论。

②职能部门普通员工考核由其部门经理负责；部门考核由其主管负责；《考勤表》和《加班申请表》每月10号前上报至财务部作为计算工资之用。

③加班费用计算

平日加班：平时加班为平时工资的1.5倍。

加班工资=平时工资（全勤）÷22÷8×1.5倍×加班时间

双休日加班。双休日加班为平时工资的2倍。

加班工资=平时工资（全勤）÷22÷8×2倍×加班时间

法定节日加班。法定节日加班为平时工资的3倍。加班工资=平时工资（全勤）×3倍×加班时间

五、基本工资评定标准：总经理级别基本工资6000元/月,副总经理级别5000元/月，主任、部门经理及总经理助理级别4000元/月，职能管理级别3000元/月，试用期2500元/月，实习期2000元/月。

廉政建设管理制度

一、为加强廉政建设，杜绝违法乱纪行为，保持企业员工队伍的清正廉洁，根据有关党政纪规定制定本制度。

二、全体员工要认真学习贯彻执行中纪委关于领导干部廉洁自律的规定、《廉政准则》和市建设党工委《关于党风廉政建设和反腐败工作的实施意见》，严格按国家和省、市有关法律、法规、规定以及企业有关规章制度办事，严禁不按规定程序操作或越权审批。

三、坚持公开办事制度，公开办事程序、办事结果，自觉接受监督。

四、工程建设项目和大宗设备、物资采购一律实行公开招标或议标，择优选择施工单位和供货方。

五、发扬艰苦奋斗、勤俭节约精神，反对讲排场、摆阔气，搞铺张浪费；对外接待要严格按标准执行。

六、勤政廉政，严禁利用职权"索、拿、卡、要"，不得擅自接受当事人的宴请或高档娱乐消费等活动。外单位请柬，一律交企业办公室由企业领导酌情处理。

七、严禁利用工作之便为自己或亲友谋利，未经批准不得公车私用。

八、公务活动中，不得以任何名义接受礼金、信用卡、有价证券以及各种贵重物品。如因特殊原因难以谢绝而接受的，礼金、礼物必须如数交财务部登记，并按有关规定酌情处理。

第二部分

各部门职责

行政办公室职责

一、负责内部文件和外部文件的收取、编号、传递、催办归档。

二、负责企业文件打印、复印、传真函件的发送、各种会议的通知、安排、记录及纪要的制发，跟踪检查实施情况，及时向总经理作出汇报。

三、负责企业的对外公关接待工作。

四、为总经理起草有关文字材料及各种报告。

五、保管企业行政印鉴，开具企业对外证明及介绍信。

六、协助总经理做好各部门之间的业务沟通及工作协调。

七、负责安排落实领导值班和节假日的值班。

八、负责处理本企业对外经济纠纷的诉讼及相关法律事务。

九、负责调查和处理本企业员工各种投诉意见和检举信。

十、负责企业公务车辆管理。

十一、负责企业员工食堂、员工宿舍管理。

十二、负责企业办公用品采购及管理。

十三、负责企业内的清洁卫生管理门卫、厂区治安管理。

十四、分析企业经济活动状况找出各种管理隐患和漏洞并提出整改方案。

十五、负责填报政府有关部门下发的各种报表及企业章程，营业执照变更等工作。

十六、企业人员招聘及员工培训员工考勤管理。

十七、员工绩效考核，薪酬管理。

十八、员工社会保险的各项管理。

十九、针对企业的经营情况提出奖惩方案，核准各部门奖惩的实施，执行奖惩决定。

二十、人员档案管理及人事背景调查。

二十一、检查和监督企业的员工手册和一切规章制度是否得到执行。

二十二、负责与劳动、人事、公安、社保等相关政府机构协调与沟通及政府文件的执行。

二十三、负责员工的劳资纠纷事宜及各种投诉的处理。

二十四、负责企业员工工伤事故的处理。

二十五、完成总经理交办的各项工作。

财务部职责

一、企业财务预算、决算、预测。

二、编制财务计划及会计报表，拟写财务状况分析报告。

三、负责合同的管理，对企业对外的经济合同进行审核并备案。

四、负责建立企业内部成本核算体系，并进行核算及控制工作。

五、对各种单据进行审核。

六、负责各种财务资料的收集、保管、保密工作。

七、处理应收、应付货款等有关业务工作。

八、负责企业税务处理工作。

九、与财政、税务、银行等机关政府机构的协调与沟通，政府文件的执行。

十、监督企业不合理费用开支。

十一、企业全盘账务业务处理。

十二、核算、发放企业员工的工资。

销售部职责

一、负责企业全面形象的管理工作，根据企业产品营销条件进行市场定位和势态分析作出企业营销策略、方针的建议方案。

二、搞好企业的产品宣传策划。

三、组织合同评审工作。

四、催收货款做好资金回笼及账款异常处理。

五、负责产品的售后服务，负责接待客户并协助处理好客户投诉。

六、负责客户的沟通和联系及潜在客户的开发。

七、负责建立企业营销资料库。

技术部职责

一、负责企业产品规划、技术调查、工厂布局。

二、新产品开发研制，样件制作、鉴定与审核。

三、产品技术标准、技术参数、工艺图纸、工艺定额、材料消耗定额、产品说明书等技术文件的制定和管理。

四、对新技术、新材料、新工艺、新设备的研究开发，促进企业进步。

五、生产过程中在技术方面进行指导，并进行工艺技术上的监控，确保生产的正常进行。

六、向相关部门提供技术方面的服务并接受各方位的有关技术方面的信息反馈及处理。

七、负责建立企业技术资料库。

八、收集客户对本企业产品使用情况的各种信息资料，并做相应分析，提供改进的具体方案。

九、按照技术工艺流程编写工序作业指导书。

生产部职责

一、负责根据企业计划及市场营销部需求计划制定生产计划，编制具体的生产作业计划。

二、负责按计划组织各部门按计划进度完成生产任务。

三、合理确定生产节拍，使生产工作有序进行。

四、时刻掌握生产进度，做好生产各工序间的平衡，提高生产效率。

五、合理使用设备，提高设备使用率。

六、负责企业设备管理。

七、在保证产品质量的前提下，最大限度利用各类资源，减低物资消耗，避免各种不必要的浪费，降低产品物耗。

八、严格按照质量标准程序要求把好产品质量关。

九、负责企业安全管理、消防安全管理工作。

十、按照5S标准搞好有关工作，制定企业现场综合管理标准并督导实施。

十一、制定设备操作规范，指导生产员工按章操作。

十二、负责企业生产工位器具的管理、组织、设计、制造、使用、维护工作。

十三、负责企业生产用水、电、气的管理。

采购部职责

一、负责制订企业物资采购需求计划，并督导实施。

二、负责编制企业物资管理相关制度。

三、负责制订企业物资采购原则，实施统一采购。

四、负责建立企业物资采购渠道，搞好供应商的择优、筛选与新供应商的开发工作。

五、负责严格监控企业物资的状况，控制不合理的物资采购和消费。

六、负责建立企业物资比价体系。

七、组织建立科学的库存储备量标准，最小限度地占用流动资金，充分发挥物资的有效使用。

八、组织建立企业物资消耗定额并严格定额管理。

九、严格规范物资保管，采用科学的仓储管理办法，保证物资尽其所用，并建立物资的综合利用和废品利用制度。

十、负责做好仓储管理，加强对有毒、有害、易燃、易爆、危险物品的管理，严防一切事故的发生。

质检部职责

一、负责建立企业质量管理保证体系，并推进、实施、督导。

二、负责对产品品质的全过程管理。

三、对原材料及外协零部件入库前进行质量检验。

四、对质量异常情况进行追踪分析及处理。

五、对产品进行各种功能性测检。

六、加强对检测和试验设备、器具的使用和保管。

七、负责企业计量管理工作。

八、收集客户对本企业产品质量情况的各种信息，并做好相应分析，提出改进具体方案。

九、做好客户对质量异常投诉的处理工作。